教師のデジタル仕事術

毎日の授業から校務DXまで

谷中 優樹 著

JN240984

明治図書

はじめに

　このような著書を出版しているのだから，著者の私に対して ICT やデジタルが得意なイメージをお持ちかもしれません。実は，全くそんなことはありません。

　私が ICT 主任の校務分掌をいただいたのは 2 年目からです。担任を持ちながら，児童会主任，ICT 主任，プログラミング推進教師，教科主任，校内研修推進委員と多くの仕事をいただく中で，2 年目の私が特に力を入れようと思ったのが，ICT 主任の仕事でした。ICT が武器になれば，「どの教科でも学習の手立てになる」「使いこなせれば効率的に校務が進められる」と思ったからです。

　使いこなすことができれば，事務仕事が捗り，子どもと向き合う時間が増やせる。日々の授業にも力を入れることができる。子どもが笑顔で毎日過ごすことができれば，子どもも保護者も教員もハッピーになれる。そんな思いで，ワクワクしたのを思い出します。

　翌年に，GIGA スクール構想が始まり，子どもの 1 人 1 台端末がスタートしました。ICT に関して「専門の教員」は，いません。大学でも，基本的な操作や情報モラルについてしか学んでいません。教員のデジタルスキルの差が顕著に現れてしまいます。

　ICT はあくまでツール。現場では文房具のように端末を使うことが求められています。「手段の目的化」になってはいけませんが，それでも活用方法を知らなくては，なかなか手段として ICT を選択することはできません。

　本著では，自分の経験や学んだことで ICT やタブレット端末を活用した「効率的な校務での活用方法」「日々の授業での活用方法」について，紹介します。

　私の発信が，皆さんというフィルターを通して，全国の子どもや大人をハッピーにできるかもしれません。本著にある内容を皆さんでアレンジしていただき，より良いものにしていただければ幸いです。

contents

第4章　思考スキル&デジタルツールで授業が変わる！　実践モデル10

第1章

デジタル化が
もたらす
教育の未来と
教員の課題

1 デジタル化が進む教育現場，しかし教員の多忙は変わらない？

　教育現場は，デジタル化の波により大きな変化を迎えています。一方で，この変化は教員にとっても新たな課題をもたらしています。GIGAスクール構想によるデジタル端末やインターネットの普及は，情報の入手方法や学びのスタイルを根本から変え，教室内外での教育プロセスに革命をもたらしました。『令和5年度学校における教育の情報化の実態等に関する調査結果』は，教育用コンピュータの普及が進んでいることを示しており，ICT機器を活用した効率的な学習環境の構築が進行していることが窺えます。

①児童生徒1人あたりの学習者用コンピュータ台数

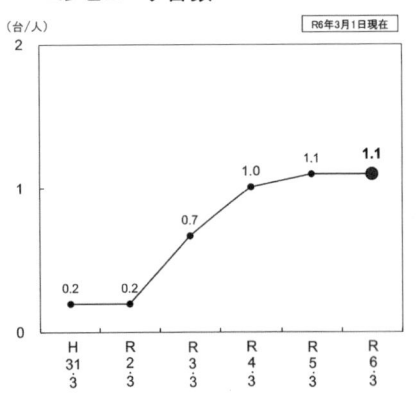

※「学習者用コンピュータ」は「教育用コンピュータ」のうち，児童生徒が使用するために配備されたものをいう。
※「学習者用コンピュータ」はタブレット型コンピュータ(平板状の外形を備え，タッチパネル式などの表示／入力部を持ったコンピュータ)のほか，コンピュータ教室等に整備されているコンピュータを含む。
※「児童生徒1人あたりの学習者用コンピュータ台数」は，「学習者用コンピュータ」の総数を児童生徒の総数で除して算出した値である。

(参考)児童生徒数と学習者用コンピュータ台数

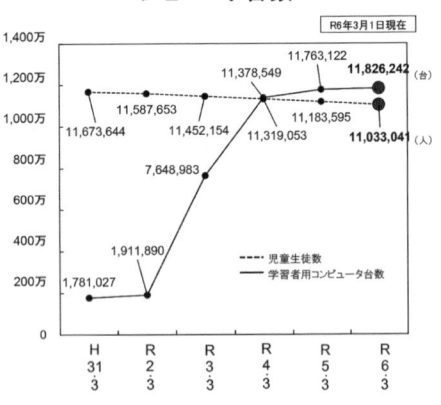

※ 利用不能な状態にあるコンピュータは，台数にはカウントしない。

②普通教室の通信環境

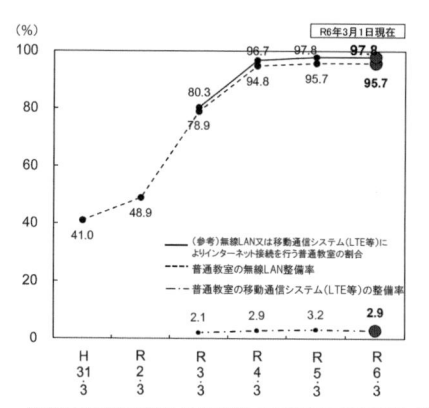

③インターネット接続状況
（通信速度（理論値）1Gbps以上）

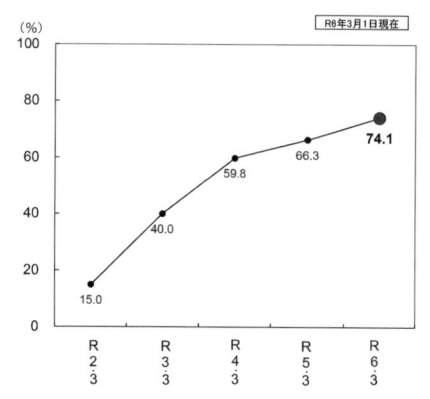

出典：文部科学省『令和5年度学校における教育の情報化の実態等に関する調査結果』

　しかし，教員の業務はこれまで以上に多忙を極めており，授業準備，評価，子どもや保護者とのコミュニケーションなど，日々の業務は増加の一途を辿っています。教員の多忙化は，教育現場での長年の課題です。文部科学省の『教員勤務実態調査（令和4年度）集計』によれば，教員の在校時間は依然として長く，特に平日の勤務時間は小学校で平均10時間45分，中学校で11時間1分と報告されています。これは，授業準備，成績処理，学校行事など，多岐にわたる業務に起因しています。

（時間：分）

平日	小学校			中学校			高等学校（参考値）
	平成28年度	令和4年度	増減	平成28年度	令和4年度	増減	令和4年度
校長	10:37	10:23	-0:14	10:37	10:10	-0:27	9:37
副校長・教頭	12:12	11:45	-0:27	12:06	11:42	-0:24	10:56
教諭	11:15	10:45	-0:30	11:32	11:01	-0:31	10:06

土日	小学校			中学校			高等学校（参考値）
	平成28年度	令和4年度	増減	平成28年度	令和4年度	増減	令和4年度
校長	1:29	0:49	-0:40	1:59	1:07	-0:52	1:37
副校長・教頭	1:49	0:59	-0:50	2:06	1:16	-0:50	1:18
教諭	1:07	0:36	-0:31	3:22	2:18	-1:04	2:14

※平成28年度調査と同様に、1分未満の時間は切り捨てて表示。
※「教諭」には主幹教諭・指導教諭を含む。

出典：文部科学省『教員勤務実態調査（令和4年度）集計』

　教員採用試験の受験者数の減少という現状もあります。教員採用試験における受験者数の減少は，教育界全体が直面している課題の一つです。文部科学省の『令和4年度（令和3年度実施）公立学校教員採用試験の実施状況のポイント』によれば，全体の競争率（採用倍率）は3.7倍で，これは過去最低の水準に等しく，前年度の3.8倍からさらに減少しています。具体的に，採用者総数は34,315人で，前年度比752人減少し，受験者総数は126,390人で，前年度比7,877人減少しています。特に小学校における競争率は2.5倍と過去最低を更新し，採用者数は16,167人，受験者数は40,635人となり，前年度に比べてそれぞれ273人，2,813人の減少が見られました。中学校と高等学校においても，採用者数と受験者数はいずれも減少傾向にあります。このデータからは，教員採用試験への応募者減少が顕著に表れており，特に新卒者よりも既卒者の減少が大きいことが分かります。

総計 受験者数・採用者数・競争率（採用倍率）の推移

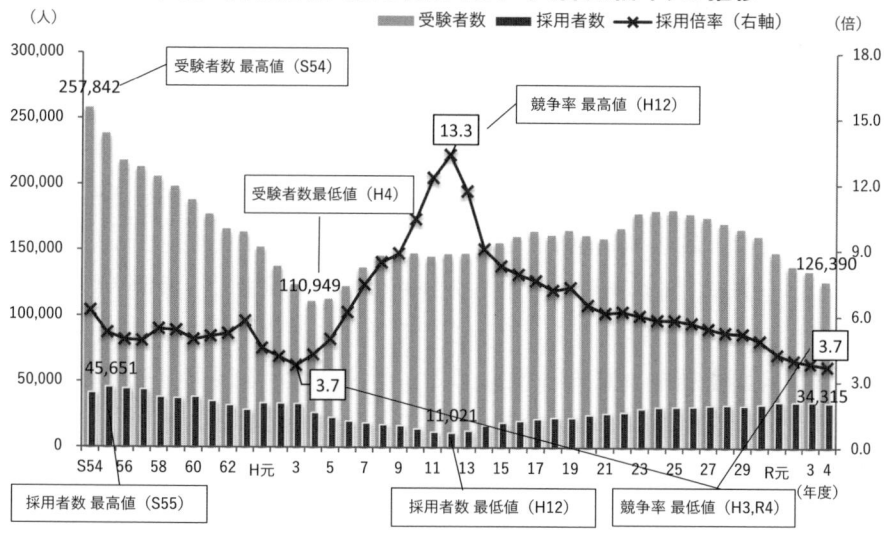

受験者数 ■ 採用者数 ー×ー採用倍率（右軸）

（注）「総計」は小学校、中学校、高等学校、特別支援学校、養護教諭、栄養教諭の合計

出典：文部科学省『令和4年度（令和3年度実施）公立学校教員採用試験の実施状況のポイント』

　このような状況は，教員のデジタル化への適応だけでなく，働き方改革の推進や，教職の魅力を高める施策が求められていることを示唆しています。教育界全体での対応策として，教員採用選考の多様化や新規学卒者および既卒者への支援強化，業務の精選，校務の効率化など，さらなる改善が必要とされています。

Q ポイント

- ・現場でのデジタル化が進む中，教員の勤務時間の増加が続いている。
- ・教育用コンピュータの子ども一人当たりの数とICT機器利用の拡大。
- ・教員採用試験の受験者数が減少しており，特に既卒者の減少が顕著。

2 スキル差が教育に影響 !? 教員のデジタル格差の現実

デジタル技術の急速な進展により，教員間でのデジタルスキルの格差が明らかになりつつあります。一部の教員は，生成 AI やクラウドを活用した複線型の授業など最新の教育技術を駆使して効果的な授業を実施する能力に長けている一方で，他の教員はこれらの技術の習得に苦労し，授業への導入が遅れています。文部科学省の『令和 5 年度学校における教育の情報化の実態等に関する調査結果（概要）』によると，学校における教員の ICT 活用指導力の状況は，大きく 4 つの大項目（A 〜 D）に分けて評価されています。

教員の ICT 活用指導力　4 つの分野
A：教材研究・指導の準備・評価・校務などに ICT を活用する能力
B：授業に ICT を活用して指導する能力
C：児童生徒の ICT 活用を指導する能力
D：情報活用の基盤となる知識や態度について指導する能力

この調査結果は，教育の情報化を推進するための重要な指標となっており，ICT を活用する能力には，依然として教員間でのばらつきが存在していることを示しています。このばらつきを是正し，教員の ICT 活用能力を向上させるためには，さらなる研修の機会の提供や支援体制の充実が必要であると考えられます。

教員のICT活用指導力の状況（16小項目別）

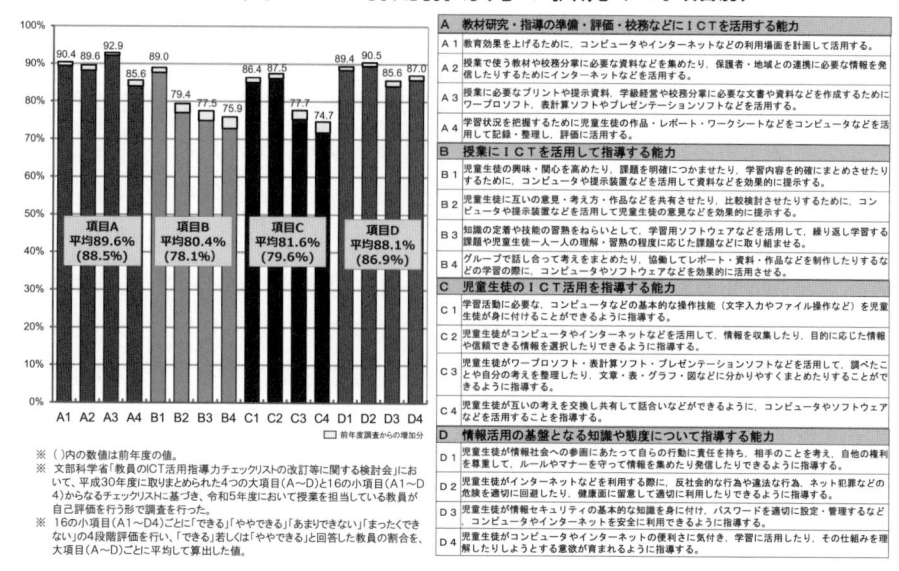

出典：文部科学省『令和5年度学校における教育の情報化の実態等に関する調査結果（概要）』

　デジタル技術の進展は教育界に大きな変化をもたらしていますが，教員間でのデジタルスキルの格差は深刻な問題です。特に，授業にICTを活用して指導する能力において，自信度の低さが目立つことが，上の資料からも明らかになっています。この調査結果では，特にカテゴリーB「授業にICTを活用して指導する能力」における自信度が他のカテゴリーに比べて低いことが示されました。

　この中でも「B3：学習ソフトを活用して生徒に知識の定着や技能の習得を反復練習させるための効果的な指導」「B4：グループで話し合って考えをまとめたり，協働してレポート・資料・作品などを制作したりするなどの学習の際に，コンピュータやソフトウェアなどを効果的に活用させる。」は，教員が自信を持って行えていない領域の一つとして特定されています。これは，教員が日々の授業の中で最新のデジタルツールをうまく活用するための

サポートが不足していることを示しており，個々の教員が同じレベルの ICT スキルを習得できるような環境が整っていないという現実を浮き彫りにしています。

　文部科学省のデータをもとに，教員の ICT 活用能力に関する都道府県別の格差を考察すると，特定の地域では教育技術を積極的に活用しているのに対し，他の地域ではそうした技術の採用が遅れていることが明らかになります。大項目 B「授業に ICT を活用して指導する能力」において，最低値が73.7%，最高値が98.3%と，約24ポイントの著しい格差が確認できます。これは，デジタル教育技術を授業に統合するための教員のスキルに，地域によって大きな差があることを示しており，教育現場の均質性を確保する上での課題を示しています。

大項目B　授業にICTを活用して指導する能力

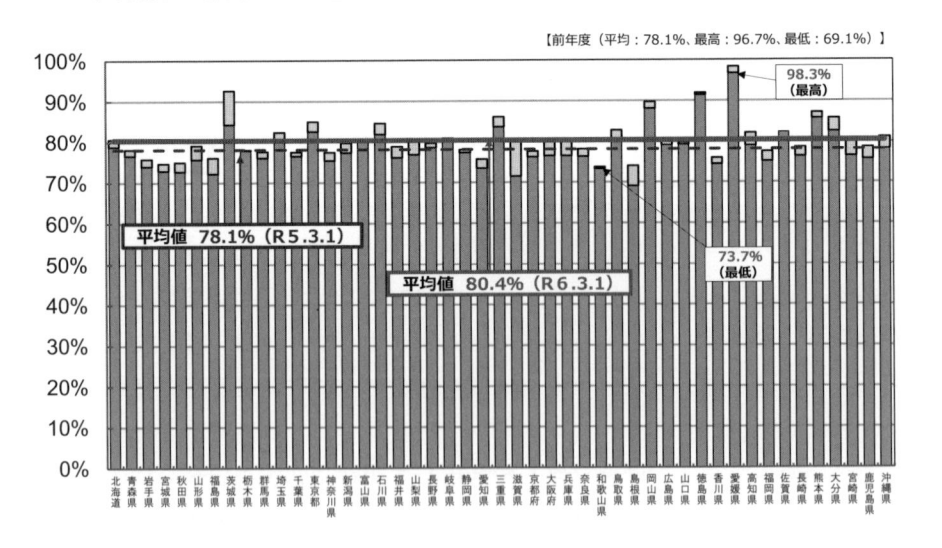

出典：文部科学省『令和5年度学校における教育の情報化の実態等に関する調査結果（概要）』

　こうした現状にもかかわらず，教員の業務量は増大する一方で，新しいス

キルを学ぶための時間が確保しにくいのが現実です。**この著書では，現実的な教育現場のニーズに応えるべく，教員がすぐにでも試してみたいと思えるデジタル技術の活用事例を提供します。**目的は，教員が現実的に取り組むことができる「できそうな」活用法に焦点を絞り，限られた時間の中で最大の成果を引き出せるよう支援することです。

デジタルスキルの差が生んでいる課題

　教員一人ひとりが自分自身のペースでデジタルスキルを向上させることを促し，それによって，長期的に見て子どもの学習成果を向上させることを期待します。本書を通じて，目の前の子どもや同僚を笑顔にすることで，教育の質を高めることに貢献できればと考えています。

🔍 **ポイント**

・デジタル技術の進展が教員のデジタルスキル格差を明らかにした。
・「授業に ICT を活用して指導する能力」に自信のない教員が多い。
・教員の ICT 活用能力向上には，研修機会とサポート体制の強化が必要。

3 デジタルの力を活かせ！ 教育と働き方改革の未来

①思考を変えよう

　教育現場の働き方改革は，まず教員自身の思考の転換から始まります。テクノロジーに対する抵抗感を克服し，これを自身の仕事を効率化して，子どもへのより良い学習機会を提供するツールとして捉えることが重要です。

　話は変わりますが，ICT 主任を任せられている人は，デジタルに堪能なイメージがありませんか？　職場に 1 人はきっといるデジタルが得意な人を思い浮かべてください。そのような方たちの大部分は（もしかしたら情報や技術の免許を持っていて本当に専門の方かもしれませんが），今までデジタルに触れてきた経験値が多いのだと思っています。料理と同じです。その経験が多いか少ないかなのです。料理経験のない人が，いきなりキッチンや厨房の仕事をこなせるでしょうか。とても無理だと思います。

　私自身，教育現場に飛び込んだ当初は，デジタル技術に対して手探りの状態でした。2 年目から ICT 主任として，技術や情報の免許もなく，いわば「包丁を持ったことがない」状態からスタートしました。これが 3 年前のことです。

> 「Word の差し込み印刷？　何ですかそれ」
> 「Excel の数式？　ちょっと待ってくださいね。Google で調べます！」

　実際にデジタルツールを手に取り，失敗を恐れずに試行錯誤を繰り返していくうちに，少しずつですが確実にその扱い方を理解し始めました。

　子どもたちが自然にデジタルデバイスを使いこなすのを見て，彼らに引き離されないよう，まずは「包丁を握る回数」を増やすことが重要だと痛感しました。今では，生成 AI を活用して校務を効率化する GPTs（後述します）を自作して活用することや授業資料を作成するなど，かつては想像もできな

かったことを日常的に行っています。

　この経験から言えるのは，「できるかどうか」ではなく，「できるようになるために何をするか」が大切だということです。私のように，最初は不慣れでも，包丁を握る勇気を持ち続ければ，必ず上達する日が来ます。そしてその積み重ねが，教育現場におけるデジタル化への自信につながるのです。

■ ②デジタル化のメリット

　デジタル化は教育の質を革新し，その利点は無数にあります。デジタルツールを活用することで，教育現場でどのような変化が起こるか，具体的なメリットを紹介します。

　まず，情報の共有の容易さが挙げられます。デジタルツールにより，教師，子ども，保護者間でのリアルタイムなコミュニケーションが可能になります。これは，緊急時の速やかな連絡はもちろんのこと，教育関連情報の更新と共有をより迅速かつ確実にすることを意味しています。

　次に，コスト削減が大きなメリットです。電子文書の使用は，教室や学校全体での紙とインクの使用量を減らすことができ，教育機関にとっての経済的負担を軽減します。また，それは地球に対する負荷を減らすという，さらなる環境的利点ももたらします。

　また，学習環境の自由度は，デジタル化がもたらす重要なメリットの一つです。子どもはクラウドサービスにアクセスすることで，学校内外で自由に学習内容に触れることができます。これにより，学習は場所と時間に縛られることなく，より柔軟性が増します。フレキシブルというものです。

　さらに，コミュニケーションと協働学習の促進は，デジタルツールが教育にもたらす大きな変化です。子どもはデジタル機器を通じて互いに協力しながら学ぶことができ，これは学習への参加意欲や自発性を高め，協働する力を養うために非常に効果的です。

　最後に，デジタル化は多様な教育コンテンツへのアクセスを可能にし，教師はさまざまな教材やリソース（資源）を活用して，子どもの個々のニーズ

に合わせた個別最適化の教育を行うことができます。

　これらのメリットは，教育のデジタル化をただのトレンドと捉えるのではなく，教育の質を高め，子どもにとってより良い学習体験を提供する実用的な手段としての重要性を示しています。教師と子ども，保護者がこれらのツールを適切に利用することで，教育の未来はより明るく，効果的なものとなるでしょう。

デジタル化のメリット		
情報の共有の容易さ	**コスト削減**	**学習環境の自由度**
デジタルツールの活用により、教職員や保護者間で最新の情報を瞬時に共有できるようになります。職員会議の時間短縮や保護者面談の調整が容易になります。	会議やアンケート、お便りなどのデジタル化により、印刷や配布の手間が減少し、紙の使用を大幅に削減できます。これは経済的にも環境的にもメリットがあります。	デジタル教材の共有により、子どもはいつでもどこでも学習資料にアクセスできるようになります。家庭学習のサポートや復習、予習が容易になります。
多様な教育の可能性	**授業の質の向上と個別対応の強化**	**コミュニケーションと協働学習の促進**
より豊富な教材や学習リソースへのアクセスが可能になり、子どもの学習意欲の向上につながります。	子ども一人ひとりの理解度に合わせた指導や、多様な学習スタイルに対応した教育が可能になります。自己肯定感の向上が期待できます。	教師と子ども、子ども同士のコミュニケーションのツールの一つになります。オンラインでのグループワークを通じて、協働学習の機会を増やせます。

③クラウド・生成 AI の紹介

《そもそもクラウドって？》

　クラウドサービスとは，インターネット上にデータやソフトウェアを保存し，いつでもどこでもアクセスできるサービスのことです。例えば，iCloud，Google ドライブ，Microsoft OneDrive などがあります。これらを活用することで，次のようなメリットがあります。

- **アクセス性**：データやファイルをクラウド上に保存することで，場所を選ばずに必要な情報にアクセスできます。
- **協働**：複数のユーザーが同じドキュメントにリアルタイムで作業を行え，チームでの協力を促進します。
- **セキュリティ**：データがクラウド上に安全に保管され，万が一の端末故障や紛失時でもデータを失いません。

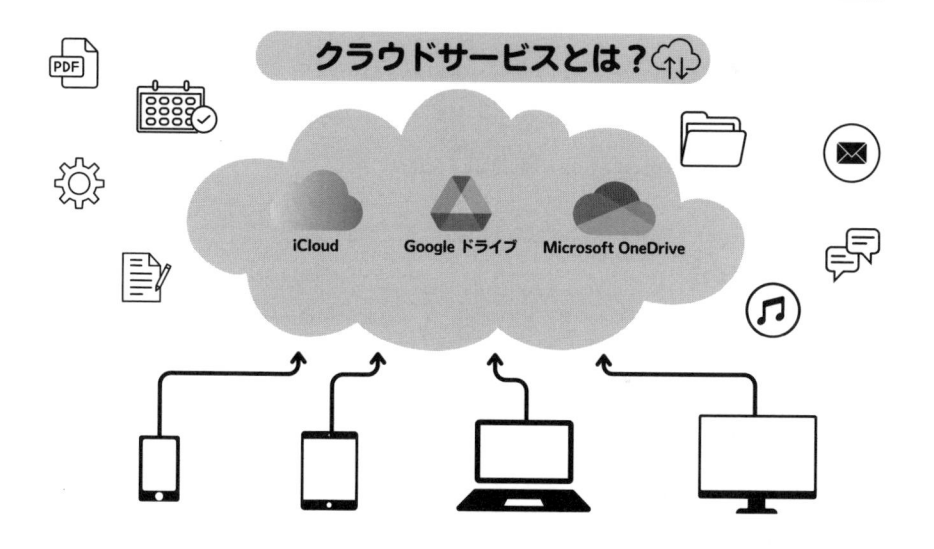

クラウドサービスとは？

iCloud　Google ドライブ　Microsoft OneDrive

　文部科学省『全国の学校における働き方改革事例集（令和5年3月改訂版）』の中でも，クラウドサービスを利用した働き方改革の事例は多く存在しています。

● **プリントの配布時間の削減**

　可能な限り，データをクラウドにアップロードすることで，「紙々との戦い」にも勝利できます。従来のプリント配布は多くの紙と印刷コストがかかり，また時間も労力も必要でした。しかし，クラウドサービスの導入により，プリントのデジタル配布が可能になりました。これにより，教師は授業の準

備や資料の配布を迅速かつ効率的に行えるようになります。子どももまた，タブレット端末を通じていつでもどこでも資料にアクセスできるようになるため，学習の柔軟性が向上します。さらに，1年間で約43時間の作業時間を削減。非常に大きな時間の節約となり，その時間を子ども一人ひとりと向き合う時間や授業計画の充実に充てることができます。

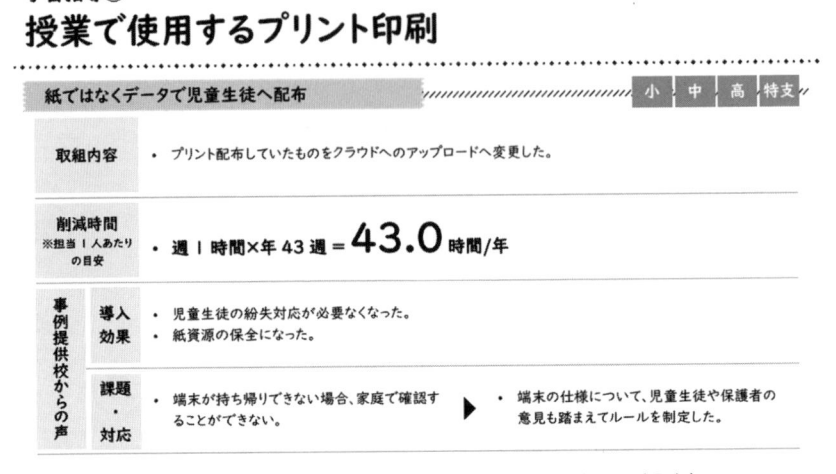

出典：文部科学省『全国の学校における働き方改革事例集（令和5年3月改訂版）』

●授業の準備時間の短縮

クラウドサービスを活用することで，教師は一人ひとりの子どもに合わせた教育を提供しやすくなります。例えば，個別の進捗管理やサポートが必要な子どもに対して，オンライン上で直接フィードバックを提供できるようになります。これは，子どもの理解度や必要な支援を的確に把握する上で非常に有効です。さらに，子どもの自立を促し，自主学習を支援するための素材も容易に提供できるようになります。

●業務の進捗管理の最適化

クラウドサービスの導入によって，教師は自分の業務進捗をより細かく管理できるようになり，時間やタスクの最適化が可能です。これにより，教師

は教育に関わる授業準備や生徒指導などの本質的な業務により集中できるようになります。また，複数の教師や学校間での情報共有も簡単になるため，より協力的な学校運営が実現可能になります。

　これらの事例からわかるように，クラウドサービスの活用は，教育現場において教師の作業効率を大幅に向上させ，子ども一人ひとりに対してより質の高い教育サービスを提供する機会を広げています。

《そもそも生成 AIって？》

　生成 AI とは，人工知能であり，人間が入力したテキストにもとづいて，新たなテキストを自動で生成する技術です。具体的には，文章を書く際のアシスタントのように機能し，質問に答えたり，アイデアを提案したり，文章の校正を手助けしたりすることができます。

　例えば，あなたが子どもに伝えたい内容の要約を AI に依頼すると，それをもとにしてより簡潔かつ明瞭な文章を生成してくれます。また，エッセイの構想段階でアイデアが不足していると感じた時，AI に刺激的な提案を求めることで，新たな視点を得ることができます。

　この技術の背景には，巨大なデータベースから言語のパターンを学習する「機械学習」という原理があります。AI は，これまでにインターネット上で集められた膨大な文章データを分析し，それらの情報をもとにして新しい文章を組み立てるのです。

●生成 AI の活用

　教育の現場では，生成 AI を活用して，子どもの創造性や批判的思考を刺激するツールとして使うことができます。子どもが作成した文章に対するフィードバックを提供したり，複雑なトピックを分かりやすく説明する素材を作成したりする際に役立ちます。

ChatGPTができる作業例

生成	• 文章作成 • コード作成 • データ作成
変換	• 文章翻訳 • 文章要約 • 文章修正 • コード修正 • コード移植 • データ変換
解釈	• 文章の解説 • コード解析 • データ分析

出典：カレーちゃん・からあげ（2024）『面倒なことは ChatGPT にやらせよう』講談社

　しかし，生成 AI もあくまでツールです。完璧な文章を生み出すわけではなく，提案された内容が常に正しいわけではありません。そのため，生成された文章は必ず人間が目を通し，必要に応じて修正や再構成を行う必要があります。このプロセスにより，スキルを磨きながら，子どもにとって最適な学習材料を提供することができるのです。

🔍 ポイント

- ・教員がテクノロジーを効率化のツールとして捉え直す思考の転換が鍵。
- ・場所を選ばずアクセス可能なデータと，リアルタイムでの協働を可能にするクラウドサービスが，教師と子どもの効率を大幅に向上させる。
- ・教育資料の作成から授業のサポートまで，生成 AI を利用して，教育の質を向上させるための多様な方法を理解する。
- ・デジタル化は教師の業務時間を削減し，それを子どもへの個別サポートや授業計画の充実に活用することで，教育の質をさらに高める。

　教員の多忙化，デジタルスキルの格差，教員採用試験の受験者減少など，教育界全体が直面するこれらの問題は，単に技術的な解決を超えた，教育の根本的な再考を必要としています。私たちは第1章で，デジタル化が教育現場にもたらすとともに，教員の多忙化といった課題に立ち向かうために必要な思考の転換を見てきました。テクノロジーの恩恵を最大限に活用し，子ども一人ひとりの可能性を引き出すために，私たちは継続的に進化を遂げなければなりません。今，私たちの前にあるのは，変化を恐れず，それをチャンスと捉え，新たな学びを構築するための絶好の機会です。

　次の章では，このデジタル時代をナビゲートし，新学習指導要領を踏まえた教育現場の未来像について，さらに詳しく探ります。新学習指導要領は，21世紀の教室でのデジタルツールの活用をどう促進し，子どもたちが未来社会において必要とされる能力を育成するのか，その指針を示します。

　デジタル化と教育改革の交差点で，私たちは子どもたちにとってより豊かで，より包括的な学習環境を提供するための新たな方法を模索しています。この挑戦を乗り越えることができれば，教師と子ども双方にとって，より明るい教育の未来が待っているのではないでしょうか。

第2章

次世代教育の鍵！
デジタル教育と
新学習指導要領

1 問題解決能力

　学習指導要領は，新しい時代を生きる子どもたちに必要な資質・能力を「三つの柱」と整理しています。

- ・知識及び技能
- ・思考力・判断力・表現力など
- ・学びに向かう力・人間性など

高橋純『学び続ける力と問題解決—シンキング・レンズ，シンキング・サイクル，そして探究へ（2022，p.45）を参考に作成

　そしてコンテンツ・ベースの教育だったものがコンピテンシー・ベースの教育に移行していると言えます。簡単に言えば，学ぶことの目的を，「何を知っているか」から「知っていることをどう活用するか」へとシフトさせ，

子どもたちの能動的な学習姿勢と実生活への応用力を育てることに重点を置いています。東京学芸大学教授の高橋純氏は「学び続ける力と問題解決—シンキング・レンズ，シンキング・サイクル，そして探究へ」（東洋館出版，2022）で，ダイエットに関して次のように例えています。「ダイエット本によって，ダイエットの知識や機能を入手することは比較的簡単であるが，しかし実際にダイエットを実現することは簡単ではない。」とても深くて面白い例えです。他にも，今では当たり前になっているドローンですが，ラジコンとカメラを組み合わせた発想です。ラジコンとカメラという知識を持っていて，いかに思考して判断して表現することができるかが必要な時代になっていると思います。コンピテンシー・ベースの教育は，子どもたちが学んだ知識やスキルをどのように使って，具体的な問題を解決できるか，またそれを社会の中でどのように活かしていけるかを考える能力の発展を促します。

この本を執筆するにあたり使っているもの

Search
インターネット

データ管理

編集者さんとメール

情報端末

文章作成

Canva デザインツール

社会人が問題解決学習をする際に情報端末が不要であると言う人は少数でしょう。今や情報端末は必要不可欠です。仕事では，情報端末を使って情報を検索し，文書を作成し，チームで協働し，プロジェクトを管理することで成り立っています。現に，この原稿は Word で執筆しています。明治図書出

版の担当の及川さんともメールで連絡を取っています。これらの活動はすべて，効果的な問題解決において重要なステップです。端末がなければ，社会人は日々の業務におけるスピードと精度を維持することができません。同様に，子どもたちにも情報技術の理解と適切な活用が求められます。

　学校においても，この現実を反映させることで，子どもたちは自分たちの学んだことを実際にどのように活用するかを考え，さらにはそれらの技能を社会的な文脈でどのように適用するかを学ぶことになります。例えば，子どもたちがチームで協力してプロジェクトを遂行する際，端末を使用して情報を共有し，アイディアを結集し，協働で成果を生み出すプロセスは，彼らの問題解決能力の育成に直接的に影響します。

　これらの事例を通じて，子どもたちは情報端末が単なるゲームをしたり，好きな動画を見たりする機械ではなく，学びや将来の成功に欠かせない能力を養うための強力な教育ツールであることを理解し，適切に利用することの重要性を学んでいきます。教育現場においては，子どもたちに最新の情報技術を教え，それを活用して問題解決の技術を実際に適用する機会を提供することで，次世代が直面するであろう社会的，職業的な挑戦に立ち向かう準備をすることができます。

　問題解決を学ぶにあたって，端末の適正な活用法は極めて重要です。社会人が自分の仕事で端末を自立して利用するのと同様に，子どもたちも自分たちの学習と問題解決のために端末を有効に使うべきです。実際的な端末の使い方とは，専門的なソフトウェアに限定せず，市販の一般的なオフィスアプリケーションを駆使して，文章作成からデータ管理，プレゼンテーション作成，さらにはコミュニケーションまでを含む，実生活に密接な技能を育むことに他なりません。これにより，子どもたちは単なる学校での学習にとどまらず，実世界で直面する様々な課題への応答力を高め，将来的には自己主導で社会的な課題に立ち向かう能力を身につけるでしょう。

2 情報活用能力

学習指導要領より
・第2の2の(1)に示す情報活用能力の育成を図るため，各学校において，コンピュータや情報通信ネットワークなどの情報手段を活用するために必要な環境を整え，これらを適切に活用した学習活動の充実を図ること。
・また，各種の統計資料や新聞，視聴覚教材や教育機器などの教材・教具の適切な活用を図ること。あわせて，各教科等の特質に応じて，次の学習活動を計画的に実施すること。

ア　児童がコンピュータで文字を入力するなどの学習の基盤として必要となる情報手段の基本的な操作を習得するための学習活動
イ　児童がプログラミングを体験しながら，コンピュータに意図した処理を行わせるために必要な論理的思考力を身につけるための学習活動

　情報活用能力の育成には，子どもたちがテクノロジーを適切に活用し，その恩恵を享受するための基盤作りが不可欠です。これには，端末の操作から，情報の検索・分析・管理，さらにはその情報を用いたアウトプットまでが含まれます。特に，情報が溢れる現代社会においては，情報の真偽を見極める力，つまりクリティカルシンキングも情報活用能力の一環であります。

　例えば，教科学習だけに留まらず，生活全般にわたる情報活用能力の重要性を考えると，子どもが自身でタブレット端末を使う場面を選択し，インターネットから情報を見つけて引用するスキルは非常に価値があります。さらに，プログラミング教育を通じて論理的な思考を育むことは，ただの技術習得を超えて，問題解決能力の基礎を築きます。

○○小学校　端末スキル系統表

	基本的な操作	アプリの操作	電子ファイル	インターネット	プログラミング
低学年	コンピュータの起動・終了・ログイン・ログアウト タッチ操作 （タップ・ドラッグ・ピンチ・文字入力） QRコード読み取り	写真の撮影や再生 （画面保存含） マーク・ペイント操作 画像の編集 （切り取り・拡大等） ドリルパークの利用	SKY MENU Cloud、学びポケット、ドリルパークにログイン	ヤフーきっずにアクセス 検索エンジンを使う	アンプラグド型 プログラミングの体験 （プリントでも可） プログラム・プログラミングを知る
中学年	キーボードによるタイピング入力 （3分間に50字程度） ホームポジション意識！ 様々な文字、言語を用いたタイピング（日本語、英語,Shiftで大文字入力）	Pagesの操作 （文字入力・文字の種類、大きさ、色の変更・写真やイラストの挿入） Keynoteの操作2～4枚 （簡単なアニメーションをつける・スライドショー） 自分の端末を使って発表	ファイルアプリにPagesやKeyNoteを保存・呼び出し SKY MENU Cloudの「発表ノート」の簡単な操作 （ノート作成・ファルダ名変更・グループワークの利用）	インターネットの情報を教科の学習に生かす	簡単なscratchの操作を体験（四角形を描くなど） プロゼミなど、プログラミングアプリの利用
高学年	キーボードによる正確なタイピング入力 （3分間に100字） 簡単なショートカットキー（コピー、貼り付け、1つ戻る、全選択、保存）CTRL＋V	Numbersを使った簡単なグラフの作成（教科横断的）おすすめは、算数で 目的に応じた適切なアプリケーションの選択・操作 文房具化	ファイルアプリからPagesやKeyNoteを書き出し データのファイリング	インターネットの情報を引用するURLのコピー・出典明記	教科書に記載されているプログラミング単元の実施 プログラミングアプリの利用

　上の図は，私が勤務校で提案した「端末スキル系統表」です。低学年・中学年・高学年でのスキルに分かれて，2年間で身につけさせたい具体的なスキルを視覚化しました。QRコードからダウンロードできるため，学校の実態に応じて，カスタマイズしてください。子どもが使う端末には，初歩的なタッチ操作から，キーボードによるタイピング，インターネットリサーチやファイル管理など，段階的なスキルが求められます。また，それらはただの操作技能ではなく，学びの過程で自然と身につく，社会で生きる上で必要不可欠な能力と言えるでしょう。そして，こうした一連の活動は，教室内だけでなく，家庭や将来の職場での活動にも直結します。

ダウンロードはこちらから

学校での教育は，子どもがコンピュータやタブレットを使いこなし，プログラミングの基礎を理解し，日常生活における様々な情報を効果的に処理する能力を育てることに注力する必要があります。これには，児童用のシンプルなアプリケーションだけでなく，社会で一般的に使用されるオフィスソフトウェアの基本操作から，オンラインコミュニケーション，データの分析といった高度な活用までが含まれます。

　このような能力の育成には，子どもが自ら意図した目的で端末を活用し，その過程で発生する問題を解決する機会を提供することが重要です。子どもが情報技術を主体的に，かつ安全に活用できるよう支援することで，彼らの情報活用能力はさらに飛躍的に発展するでしょう。

朝の会で毎日簡単に使える！！
１年生担任で谷中使用
「プログラミング体操」

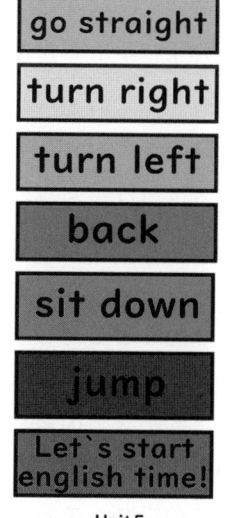

Unit 5
「Where is the post office?」
の帯活動での教材

3 プログラミング教育

今更聞けないプログラミング教育

「どんなプログラミング教育をしていますか？」教職員が聞いてほしくない言葉ランキング上位にノミネートされるであろうこの言葉。プログラミング教育と聞くと，小難しいイメージを持ちます。プログラミング教育とは，レゴブロック遊びのようなものです。想像してみてください。子どもたちがレゴブロックを使って，一つ一つのパーツを組み合わせて大きな城やロボットを作るように，プログラミングも同じです。コンピューターに「こう動け！」という小さな命令（ブロック）を組み合わせて，面白いアニメーションや，自分だけのゲームを作り上げることなどです。

では，そんなプログラミング教育の目的は何でしょうか？それは，ただレゴブロックを組み合わせる遊びを通じて，城を作る技術だけを教えるのではなく，なぜその城が立ち上がるのか，どのようにしてより強く，より美しく作ることができるかという「作り方の考え方」を学ぶことです。これをプログラミング的思考力と言います。プログラミング教育は，子どもたちがこれから生きていく情報化社会で必要とされる「情報活用能力」を育成するために，小・中・高等学校を通じて導入されています。特に小学校段階では，論理的思考力や創造性，問題解決能力などを育むことを目的としています。

> 小学校プログラミング教育の目的の3つの要約
> 1．プログラミング的思考の育成
> 2．プログラムの働きや社会での役割への気づき
> 3．教科学習との連携

《プログラミング的思考の育成》

　現代社会では，問題を系統的に解決する能力が求められます。小学校における プログラミング教育では，子どもたちにこの「プログラミング的思考」を育成することが目標とされています。論理的に問題を切り分け，手順を組み立て，解決策を見出す思考プロセスです。これも，さきほどのレゴで言うと「もし〇〇なら△△をする」というようなブロックの組み方を考える力です。どんなに複雑な城でも，基本の組み合わせ方を理解すれば，想像した通りの作品を作り出せるようになります。子どもたちが日々の生活や学びの中で直面するさまざまな課題に対し，論理的かつ創造的にアプローチできる力を培うことが狙いです。

《プログラムの働きや社会での役割への気づき》

　子どもたちがテクノロジーの働きと社会におけるその役割に気づくことは，情報化社会を生きるための基礎を築く上で重要です。プログラミング教育を通じて，彼らはコンピュータがどのように私たちの生活を支え，また社会の発展に貢献しているかを理解します。例えるなら，レゴ城を作るときには，それぞれのブロックの役割を理解することが大切です。プログラミングも同じで，コンピューターの命令一つ一つがどのように働いて，私たちの生活を豊かにするかを知ることは，情報社会を生き抜く基礎となります。この気づきは，テクノロジーに対する意識と関心を高め，将来的には情報技術を活用した社会貢献へとつながります。

《教科学習との連携》

　プログラミング教育は，算数や理科など他の教科の学習と連動して行われることが多いです。レゴ城を作るときに，数学的な思考が役立つように，プログラミング教育も他の教科と手を組みます。例えば，数学で学んだ図形の知識をプログラミングで表現することで，学んだことが実際の世界でどう機能するのかを理解できるのです。同時に，ICT の活用が自然と身につき，子

どもたちが自信を持って情報技術を使いこなす基盤を築く手助けをします。

　このように，プログラミング教育は，単にコンピューターを操作する技術を教えるだけでなく，未来の社会で活躍するための「考え方」を身につける大切な教育なのです。それは，子どもたちが未来の大人になった時，どんなブロックも自分の手で組み立てられる力を持つことを意味しています。まずは，分類Ａの学習指導要領に例示されている単元から着手しましょう。

💡 小学校段階のプログラミングに関する学習活動の分類 💡

分類	説明	活動例
A	学習指導要領に例示されている単元等で実施	理科の「電気の利用」の単元で，MESHを使用して電気が効率よく使われている仕組みを理解する。
B	学習指導要領に例示されてはいないが，関連する各教科で実施	国語で読んだ話のシーンをプログラミングしてアニメーション化する。
C	教育課程内で各教科等とは別に実施	放課後の時間を使い，シンプルなゲームやアプリケーションをプログラミングする。
D	クラブ活動など，特定の児童を対象として，教育課程内で実施	コンピュータクラブで，センサーを使った簡単な自動車の模型を作成する。
E	学校を会場とするが，教育課程外のもの	学校で開催される科学フェアで，児童がプログラムした作品を展示する。
F	学校外でのプログラミングの学習機会	地域の図書館で開催されるプログラミングワークショップに参加する。

出典：文部科学省「小学校プログラミング教育の手引」の改訂（第三版）より自作

《アンプラグド型プログラミング》

　アンプラグド（非接続）型プログラミングとは，p.31のようなコンピューターやデジタルデバイスに頼らずに行うプログラミング教育のことです。これは，カードゲームやボードゲーム，日常の物語を通して，子どもたちにプログラミングの基本概念を教える方法です。命令の列や繰り返し（ループ），条件分岐など，プログラミングに必要な論理的思考を，遊びを通じて楽しく学びます。このアプローチは，デジタル機器に触れる前の段階で，子どもたちの論理的思考力や問題解決能力の基礎を築きます。低学年におすすめです。

《プラグド型プログラミング》

　対照的に，プラグド（接続）型プログラミングは，実際のコンピューターやタブレットを使用したプログラミング教育です。みなさんのイメージは，こっちでは？　教育版 Minecraft や Scratch など，アプリケーションやゲームを使って，子どもたちが直感的にコードのブロックを組み合わせてプログラムを作成します。動かしてみる楽しさを通じて，子どもたちは自分で考えたアルゴリズムが実際に動くところを見ることができ，その結果として得られる達成感は学習意欲を高めます。

　プログラミング教育の本質は，コンピュータを使用するか否かにあらず。重要なのは，子どもたちがプログラミング的思考力を養うことです。これは，指示の組み立てや論理的な問題解決の過程を学ぶことであり，遊びを通じて自然とこの力を育んでいくことができます。端末を使った直接的なプログラミング経験も，具体的な操作を学び創造力を発揮する機会も，いずれも子どもたちにとって貴重な学習過程の一部です。将来にわたり役立つ強固な思考の基盤を築くことが，プログラミング教育の究極の目的と言えるでしょう。

🔍 ポイント

- ・子どもたちがレゴブロックで遊ぶように，コンピューターの命令を組み合わせて創造することがプログラミング教育の本質である。
- ・プログラミング的思考によって論理的に問題を切り分け，手順を組み立て，解決策を見出す力を育成。
- ・算数や理科などの教科知識とプログラミングを連携し，実世界での機能を理解する。

4 情報モラル教育と デジタルシティズンシップ教育

　情報化が進み，学校教育で，授業でデジタルを活用する上で，必要になってくるのが子どものメディア・リテラシーと呼ばれるものです。情報モラル教育やデジタルシティズン教育で子どものメディア・リテラシーを育みます。ここの指導を蔑ろにしてはいけません。YouTuber や Tiktoker など発信者は子どもの人気の職業になっています。情報を発信することが人気にも関わらず，日々のニュースで耳にする未成年者の炎上事件やネットいじめなどは，この教育が欠如していることの影を映しています。

　前田康裕氏の「まんがで知るデジタルの学び②」（さくら社．2023）にもあるように，「ティンカリング」という行為は，メディアと対話し，様々な操作を試すことで，自然とメディア・リテラシーを育んでいきます。大人は操作ミスを恐れがちですが，子どもたちはそうした恐れを持たずに積極的にデジタル世界と向き合い，その過程で学び取る力があります。この「ティンカリング」というプロセスを通じて，子どもたちは自らのメディア・リテラシーを鍛え，情報社会における自己の役割をより深く理解していくのです。

　総務省からは，メディア・リテラシーとは，次の３つを構成要素とする，複合的な能力のこととあります。

①メディアを主体的に読み解く能力。
②メディアにアクセスし，活用する能力。
③メディアを通じコミュニケーションする能力。特に，情報の読み手との相互作用的（インタラクティブ）コミュニケーション能力。

　では，そのメディア・リテラシーを養っていけば良いのでしょうか。主に２つの教育が存在しています。

情報モラル教育

・インターネット上での適切な行動や判断力を育む教育です。

・プライバシー保護，著作権の尊重，ネットいじめの防止などが含まれ
ます。

・正しい情報の見分け方や，個人情報の安全な管理方法を学びます。

デジタルシティズンシップ教育

・デジタル社会における責任ある市民としての行動を促す教育です。

・オンラインでのコミュニケーション，コラボレーション，そして情報
の消費と生産における倫理的側面を強調します。

・社会的，文化的な多様性を認め，オンラインでの互いの権利を尊重す
ることを学びます。

　結論として，情報モラルとデジタルシティズンシップの教育は，そして倫理的なデジタルテクノロジーの安全で責任ある使用を目指すために重要です。情報モラルは有害な行動を避けることに重点を置き，デジタルシティズンシップはデジタル世界における個人の役割をより広い視野で捉えます。デジタルタトゥー，プライバシーの侵害，誤情報の拡散などの問題を予防するために，これらの概念を教育に統合することで子どもたちがデジタル環境を思慮深く，倫理的にナビゲートするために不可欠です。

デジタル学級開き

　デジタル技術の急速な発展に伴い，教育現場におけるデジタルツールの導入が進んでいます。その一例として，岐阜市では2023年から小学校1年生にタブレット端末を貸与する「GIGAびらき」という取り組みが始まりました。これは，教員を目指す大学生がタブレットの操作方法を教えるというもので，市内の半分以上の学校で行われています。

　こうした動きは，子どもたちが情報技術を使って学ぶ環境を整え，早期からデジタルリテラシーを身につけさせるという大きな流れの一部です。岐阜市の例では，鶉小学校で行われた「GIGAびらき」で，子どもたちはまず大学生による操作方法のデモンストレーションを見学し，その後，自分たちでタブレット端末を使って学校や友達の写真を撮影したり，顔写真をアプリで加工したりするなど，実際にタブレットを操作して学びました。

　また岐阜市以外では，6年生が1年生にタブレットの操作方法を教えるというGIGA開きをする学校もあると聞いたことがあります。

　このような実践は，ただ端末を使う技術を学ぶだけでなく，学校での学びにデジタルを活用するという新しい形を子どもたちに示しています。また，教育ツールとしてのタブレット端末の使い方を学ぶことで，子どもたちが今後の学びや日常生活においても情報技術をうまく活用できるようになるための重要な基盤を作ります。

　デジタルの学級開きにおいては，こうした事例を踏まえ，子どもたちにデジタルツールの使い方を教えると同時に，それを活用して学ぶ意欲を育むことが重要です。デジタル時代に求められるスキルセットを充実させ，子どもたちが未来の社会で活躍するための「考える力」を養うためにも，情報モラルやデジタルシティズンシップといった概念をしっかりと教え込む必要があります。

上手に使うための デジタルルール

ルール① 大切に使おう
- ☐ タブレットはいつも丁寧に扱う。
- ☐ 学校の物なので、自分の責任で大切にする。
- ☐ 人のタブレットには触りません。不正アクセス禁止法に引っかかります。
- ☐ パスワードを勝手に変えたり、教えたりしません。

ルール② 勉強のおともに
- ☐ 学習にだけタブレットを使う。せっかくの端末がもったいないです。
- ☐ 長時間使った後は、目を休める時間をとる。遠くを見ると良いです。

ルール③ プライバシーを守ろう
- ☐ 人の写真や動画は、許可なく撮らないし、共有しない。

ルール④ やさしい言葉を使おう
- ☐ インターネット上でも、優しく、相手を尊重する言葉を選ぶ。

ルール⑤ タブレットを守ろう
- ☐ ケースに入れて保護し、汚れた手で触らないようにする。
- ☐ 画面はやさしく拭く。

ルール⑥ 安全なネットの使い方
- ☐ 学校の許可がないアプリはダウンロードしない。君たちを守るためです。

ルール⑦ 困ったときは先生に相談
- ☐ 何か問題が起きたら、すぐに先生に伝える。
- ☐ インターネットで困っている友だちがいたら、先生に相談する。

 今年は、どのようにタブレットを使うか宣言しよう！

....

....

 サイン：＿＿＿＿＿＿＿＿＿

デジタル学級開きの誓約書

ダウンロードはこちらから

第3章

デジタルスキルで変わる！教員のためのICT活用術

1 なぜ今，デジタル教育が必要なのか？

GIGA スクール構想の目的
- 一人一台の端末と高速大容量の通信ネットワークを一体的に整備することで，特別な支援を必要とする子供を含め，多様な子供たち全員が取り残されることなく，公正に個別最適化された教育を受け，資質・能力が一層確実に育成できる環境を実現する。
- 我が国のこれまでの教育実践と最先端の技術のベストミックスを図ることにより，教師と児童・生徒の潜在能力を最大限に引き出す。

　GIGA スクール構想とは，義務教育を受ける児童生徒のために，1人1台の学習者用 PC と高速ネットワーク環境などを整備する5年間の計画です。その目的は子どもたち一人ひとりの個性に合わせた教育の実現にあります。文部科学省が推進している GIGA スクール構想の第2期ともいえる次のフェーズを NEXT GIGA（ネクスト ギガ）と指します。GIGA2.0，アフターGIGA とも呼ばれます。

　教育におけるデジタル化の進展は，GIGA スクール構想を通じて，具体的な形をとりつつあります。この構想は単なる一時的な取り組みではなく，教育の質を根本から変革し，学びの平等性を確保するための国家戦略です。その根底にあるのは，全ての子どもたちが，所在地や経済状況に関わらず，高品質の教育にアクセスできるようにするという強いコミットメントです。

　GIGA スクール構想が目指すのは，ただ端末を配布することだけではありません。それは，子どもたちが自ら学びを探求し，創造性や批判的思考を発展させるための環境を整えることです。この目的を達成するために，教室での1人1台のデバイスの活用は，個々の学習スタイルに合わせた指導や，協働学習，探究学習への道を開く重要なステップです。

NEXT GIGAでは，より進んだデジタル技術を取り入れることで，GIGAスクール構想の初期段階で築かれた基盤をさらに拡張します。これにより，AIやデータ分析などの技術が教育現場における教師の指導を支援し，児童・生徒一人ひとりに対してより最適化された学びの提供を可能にすることを目指しています。

　さらに，GIGAスクール構想は，新しい教育の機会を創出するだけでなく，社会の急激な変化に対応するための弾力的で持続可能な教育システムの構築を促進します。これには，未来の職場で求められるスキルや，デジタル化された社会で活躍するための基本的なリテラシーを備えることが含まれます。このように，GIGAスクール構想とNEXT GIGAは，教育のデジタル変革をリードし，次世代を支えるための柱となるのです。

OECDラーニングコンパス2030とは
・OECD（経済協力開発機構）のEducation2030プロジェクトにおいて策定された「ラーニング・コンパス（学びの羅針盤）」は，児童生徒が成長してより良い未来を創造するために必要な知識，スキル，態度，価値，力などを検討した学習の枠組みです。

　OECDラーニングコンパス2030は，子どもたちが急速に変化し，不確実性の高い未来の世界で成功するために必要な知識，スキル，態度，価値観を定義しようとする試みです。このフレームワークは，教育が単に知識の伝達だけでなく，子どもたちが持続可能な未来を築き，生き抜くための基盤を提供することを目指しています。

　ICT，つまり情報通信技術の統合は，ラーニングコンパスが強調する重要な要素の一つです。ICTを活用する能力は，現代の学習者が社会の一員として完全に機能するために不可欠です。ICTリテラシーには，デジタル技術を使って情報を見つける，評価する，活用する能力が含まれます。この能力は，個人の学習，日常生活，将来の職業での成功に寄与するものとされています。

OECD ラーニングコンパスは，ICT の使い方だけではなく，デジタルメディアを通じてコミュニケーションを取る能力や，情報が溢れる中で有用な情報を識別する能力も重視しています。さらに，デジタル環境でのセルフマネジメント，安全なオンライン行動，そしてデジタル世界における倫理的理解も強調しています。

これらのスキルと態度は，子どもたちがデジタルツールを利用して自分たちの学習をコントロールし，SNS において責任ある行動を取るためにも必要です。ICT を教育に統合することで，子どもたちは新しい情報を扱うこと，それを学習や創造的な問題解決に応用することを学びます。これにより，教育の効果が向上し，子どもが社会でより効果的に機能することを支援するための，より高度な学習体験が提供されることになります。

ラーニングコンパス2030のキーワード

①コンパス：羅針盤

　未知なる環境の中を自力で歩みを進める姿勢

②エージェンシー：行為主体

　変化を起こすために，自分で目標を設定し，振り返り，責任をもって行動する能力

③ Well-being：心身ともに健康で充足した状態

　社会的 Well-being を求めている

　社会的 Well-being とは，人間関係に対する幸福，つまり社会的に良好な状態にあること

2 授業も校務も変わる！ICT指導力の４つの柱

①教材研究・指導の準備・評価・校務などにICTを活用する能力
②授業にICTを活用して指導する能力
③児童生徒のICT活用を指導する能力
④情報活用の基盤となる知識や態度について指導する能力

①教材準備から校務まで！　ICTで効率化する力

　私の教材研究の方法は，もっぱらクラウドを活用したものです。初任の頃は，アナログで授業の流れや板書，発問などノートに書いていました。しかし，検索をかけることができない。探す手間がかかる。ということでデジタル教材研究に移行しました。というのも，デジタルでの教材研究は，すぐに見返せる。キーワードで検索がかけられる。画像・動画資料を簡単に挿入できる。圧倒的に，デジタルのほうが私は生産性があがりました。では，どのようなアプリケーションを使うのか。基本的にGoodnotes，Canva，Googleキープの３つです。

　Goodnotesとは，手書きでノートをとったり，取り込んだPDFや資料等に注釈をつけたりすることが可能なデジタルノートアプリです。

僕は，こうやって使っている！〈Goodnotes編〉
・データ整理（資料など）
・教材研究
・研修や研究授業のノート
・スライドにする
・職員会議の資料　アウトライン

　書類を探している時間は，コクヨ株式会社によると1日・1人あたり約20分。年間に換算すると，約10日間に相当する時間になるそうです。10日間も書類を探していると思うと，他のことに時間を使いたいと思うのは当然のことでしょう。整理整頓が得意な人は良いのですが，学校現場では莫大な資料を管理することになります。その時間，無駄中の無駄。無駄無駄無駄ア！

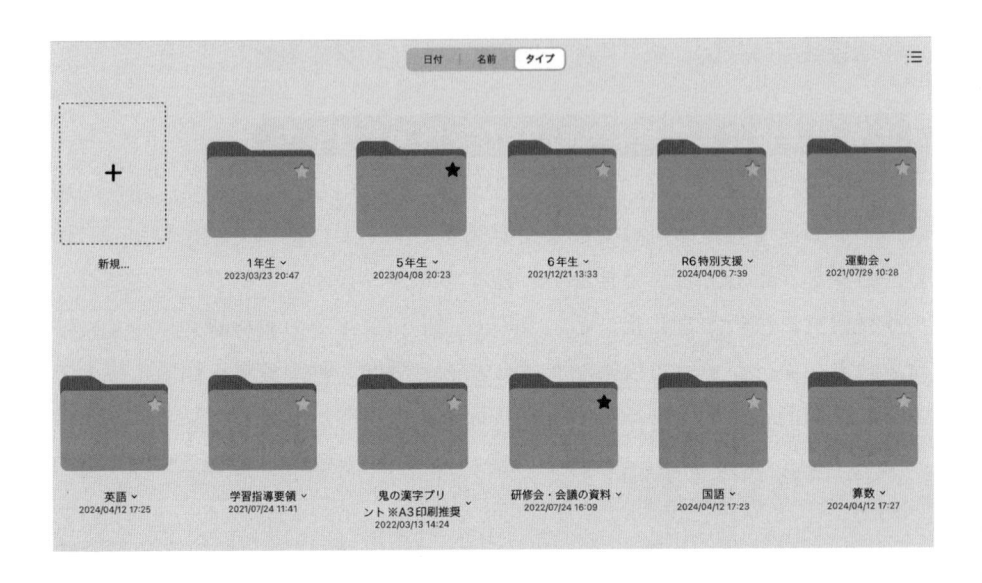

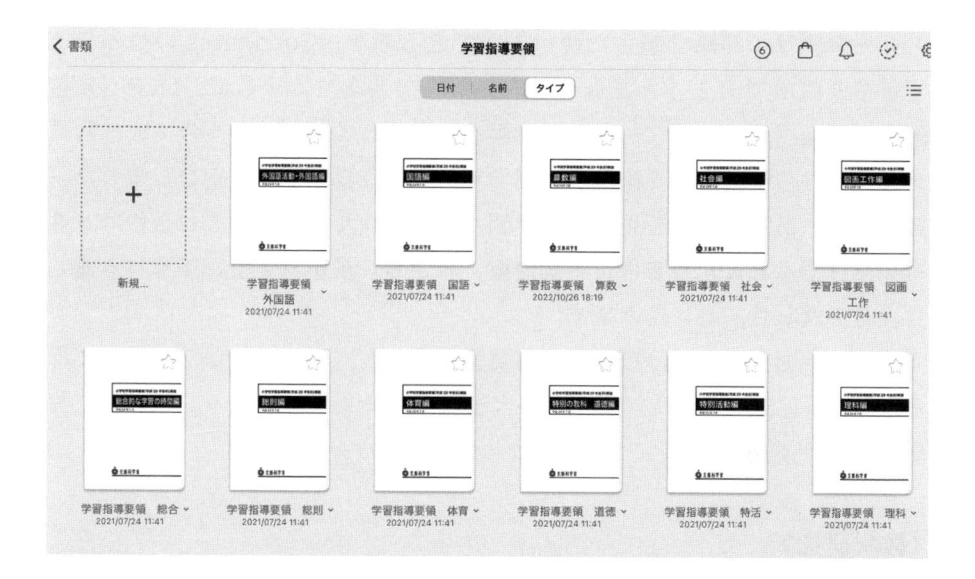

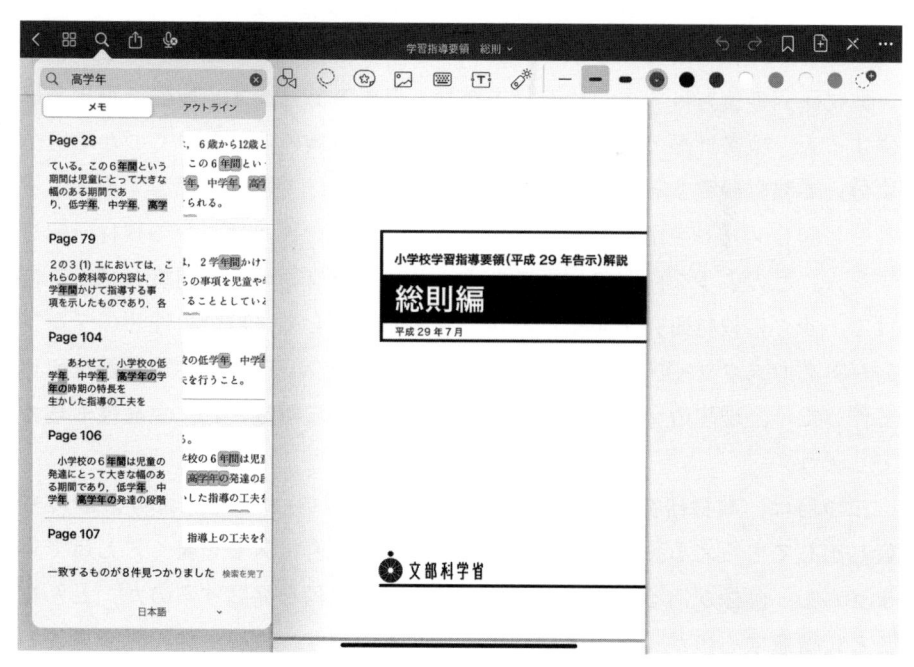

Goodnotes での資料整理

メモアプリの範疇を超えた使い方ができるのが，Goodnotes の強みであります。PDF はもちろん画像データも管理できます。そして，OCR（光学的文字認識）により，ワードから資料を検索することができるのです。前頁の画像では，学習指導要領から「高学年」というワードで検索をしました。紙の資料であれば目次を見て探す手間が，デジタルを活用すると１秒で８件も見つけてくれます。まさに時間短縮。しかも，ラインを引いてくれる優しさ。その優しさ，心に沁みます。

スキャンもできます。授業後，職員室に戻ると，大体１枚か２枚置いてあるプリント。データとして残しておく必要があるものはスキャンだけしておいて，リサイクル BOX にダイレクトシュート。

《教材研究》

Goodnotes で，教材研究をするメリットは３つあります。

一つ目は，教材研究のしやすいテンプレートを保存して使えることです。

教材研究の仕方は，人それぞれであり，自由であります。板書計画まで準備する人，板書計画のみで授業を計画する人，授業の流れをいくつかの区分に分けて教材研究する人，教科ごとにノートを分けて教材研究をする人。子どもと同じノートを用意して，どのようにノートを書かせるかで教材研究をする人。どのような研究の仕方であろうと，テンプレートを用意しておくだけで，すぐに教材研究をすることができます。そして，自分の理想のテンプレートをカスタマイズしておくことで，ノートのフレームを定規で線を引いて作ったり，理想のノートを探したりする手間から解放され，生産性も増すでしょう。

二つ目は，教材研究ノートに画像や URL を入れられることです。学校で貸し出してもらえる教科書の指導書には，鉛筆で直接メモを書くことはできませんし，画像があることで，どのタイミングで何を発問するのか，どんなことに留意するのか一目で分かるようになるのです。教師への視覚支援にもなるのです。「なげなわツール」という機能や「要素」という登録しておい

たスタンプをすぐに呼び出せる機能によって，生産性は爆発的に上がります。「なげなわツール」では，囲った範囲が移動できたり，文字・画像の大小を変更できたりします。紙のノートであれば，消しゴムを使ったり，書き直したりする必要があったものがなくなるのです。「要素」というスタンプ機能では，事前に登録しておいた「ポイント」や「振り返り」などのスタンプを登録しておくことで，ボタンをポチポチ押しながら教材研究することができるのです。

　三つ目は，教科書やノートを持ち歩かなくて良くなり，どこでも教材研究ができるということです。休み時間や子どものテストの最中，給食を食べ終わった後など，ほんのわずかなスキマ時間を有効に活用して，教材研究を進めることができるのです。子どもの前で教材研究をする姿は，子どもにとってどのように映るのでしょうか。身近な大人が勉強している姿というのは，あまり見る機会はありません。そういう姿を見せていくことも私は大事だとも考えています。「あ，大人でも勉強するんだ」「ぼくたちのために，こうやって授業を考えてくれているんだ」とポジティブに映ってくれると嬉しいと思っています。

《研修や研究授業のノート》

　教育公務員特例法第21条に，「教育公務員は，その職責を遂行するために，絶えず研究と修養に努めなければならない。」とあり，たくさんの研修が学校現場にはあります。何かの研修や研究発表，校内での授業研究。その都度，もらう資料や授業案を「これは役に立つ！」「いつか見返すだろう」と思って，大切に保存しても，見返すことは少ないです。現実的に，そんな時間もないのです。研修とは一年間にかなりの回数が設定してあり，紙で管理すれば探す手間も面倒で結局探さなくなります。みなさんの頷いている顔が浮かんできます。しかし，デジタルで管理することで，いつでも簡単に検索することができます。そして研究授業の様子，実際の板書，協議会での内容も写真で保存して見返すことができます。さらに Goodnotes には，録音機能も

あるため，音声も保存しておけるのです。授業記録も，言葉のチョイスも，どのような間で語ったのか，抑揚でさえ保存しておけるのです。なんて便利なんでしょう。サンキュー！　GoodNotes!!

《スライドにする》

いわゆるフラッシュカードのように使うこともできます。授業の導入での帯活動。例えば，歴史上の人物のフラッシュカードや，算数の10の合成のフラッシュカードなどでしょうか。

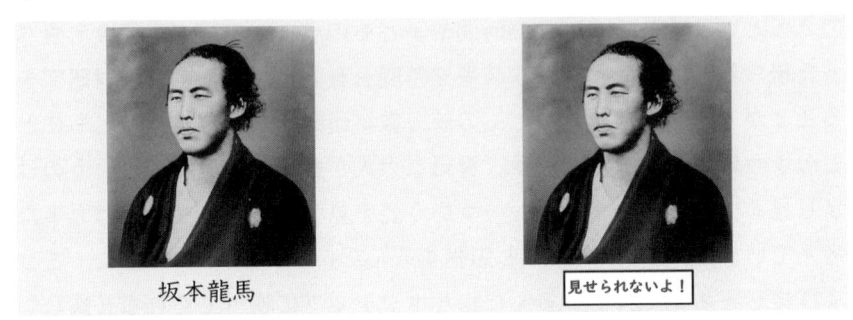

坂本龍馬　　　　　　　　　　　見せられないよ！

教材研究をしながら，フラッシュカードをつくることができます。さらには，図画工作での版画や絵の具指導の指導用のスライドも作ったことがあります。

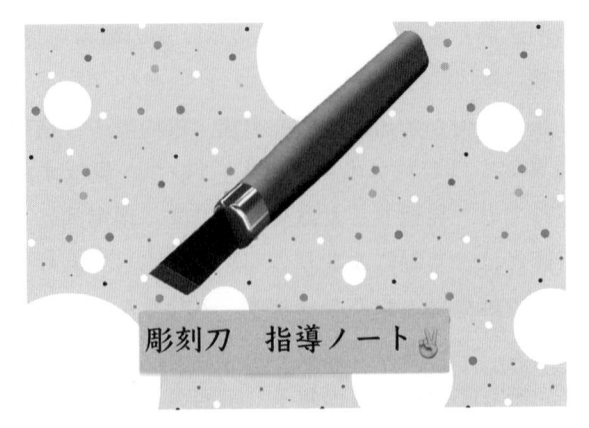

彫刻刀　指導ノート

《職員会議の資料　アウトライン化》

　文部科学省の GIGA スクール構想の下での校務 DX 化チェックリストより，ペーパーレスで実際に職員会議を行っている学校は，R 6 年現在で言えば，「完全にペーパーレス化している」と回答した学校は全体の32.8%らしいです。

③ 職員会議等の資料をクラウド上で共有しペーパーレス化していますか

完全にペーパーレス化している 32.8%	一部している（半分以上） 34.5%	一部している（半分未満） 20.2%	全くしていない 12.5%

出典：文部科学省『GIGA スクール構想の下での校務 DX 化チェックリスト～学校・教育委員会の自己点検結果～〔確定値〕』

　私が勤務している学校でも，何度かペーパーレスにする話は挙がりました。どのようなシステムで，ペーパーレスにするのか，非常勤の先生方への共有はどうするのか，メモで書き込めない人はどうするのか，そんな疑問の声も挙がりました。ここでは，あくまで個人として会議の資料をペーパーレスにするメリットについて述べます。教材研究の章と同じく，持ち運びができ，職員室でも，教室でも，体育館でも，トイレでも，いつでもどこでも資料が見られるということは，とても効率的であります。

　紙で管理する場合は，かなり分厚いファイルから探さないといけません。しかし，アウトラインを入れることで，資料に目次をつけられるのです。つまり1タッチで，必要な資料を引っ張ってこれるわけです。探す作業も効率的に。

　さらに，そのデータを簡単に共有することができます。iPhone や iPad，Mac など IOS デバイスには，AirDrop という超便利な機能もあります。ファイル，写真，動画などを直接共有することができるのです。コピーをするために席を立つ必要は，なくなります。

	第2回職員会議	p.34
	年間計画	p.36
	週の日課表	p.40
	年間時数	p.54
	退任式	p.60
	家庭訪問廃止	p.62
	PTA総会&引き渡し訓練	p.63
	第3回職員会議	p.86
	R6 情報年間計画	p.88
	通学団会	p.98
	児童会　提案	p.121

Goodnotes での職員会議資料のアウトライン化

例）保護者の方から，

　「来月の〇日に病院の受診を考えているので下校時刻を教えてください。」

　こんな連絡帳をもらうわけですね。普段であれば，

①この連絡帳の返事を忘れないように，別に分ける
②他の連絡帳に目を通す
③他の連絡帳を返却する
④職員室に職員会議の資料を見に行く
⑤メモする
⑥教室に戻ってくる
⑦そのメモの内容を連絡帳に返事をする
⑧この連絡帳を返却する

　8ステップの作業が生まれるわけです。それが，タブレット端末に職員会議のデータが入っているとどうでしょう。

①タブレット端末に入っている職員会議の資料を確認する
②連絡帳に返事する
③次の連絡帳のチェックに進む　or　連絡帳の返却をする

　3ステップで完結するわけです奥さん。年間を通してストレスなく，時間短縮していけるのです。
　これは，保護者との連絡だけでは，ありません。学年会での会議の中で，いつでも過去の資料を確認することができるというメリットもあります。職員会議では，前回の提案はどうなってましたっけ？と会議の中でなった場合，資料をすぐに探し出して，「〇〇と提案されてます」とすぐに資料を提示できるのです。会議の中で，資料を探して中断し，それを待つ時間。非効率的であります。資料を探す，検索できるという部分もGoodnotes の大変優れているところです。

　Canva は，直感的なドラッグ＆ドロップ操作と豊富なテンプレートを提供するグラフィックデザインツールです。教材作成からクラス通信，プレゼン資料まで，教員が美しくプロフェッショナルなビジュアルコンテンツを簡単に作成できるのが特徴です。

《授業のスライドやワークシートづくり》

　Canva は，先生たちが使いやすいデザインツールです。直感的な操作で，美しい教材やスライドを手早く作れます。例えば，単元の導入の授業で何かを紹介する時，Canva の豊富な素材を使って子どもたちの目を引くプレゼンテーションが作れます。文字情報だけでなく，イラストやグラフを使って難しい内容も分かりやすく伝えられるので，子どもたちの理解を深めるのに役立ちます。そして，子どもたちが自分の発表やプロジェクトのスライドを作る時も，Canva はとても使いやすいです。教室での多様な用途に適している，実用的なツールと言えるでしょう。

　ちなみに2024年夏，Canva に「UD デジタル教科書体 NPL」「UD 学参丸ゴシック」というフォントが株式会社モリサワから提供されました。UD とは，ユニバーサルデザインのことで，ロービジョン（弱視）やディスレクシア（読み書き障害）にも配慮できるフォントがあります。大変，使いやすいフォントです。ぜひ，使ってみてください。個人的にかなり愛用しています。

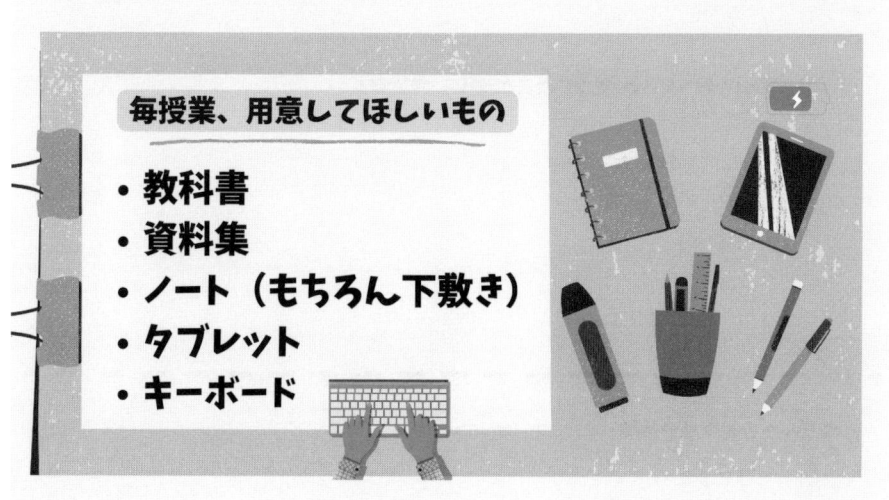

Canva で作成したスライド

　こんなかわいいスライドが，操作サクサクでテンプレートも素材も用意してあって，３分もあれば作れる。しかも，教員であれば canva for education に申請すれば，全ての素材が無料で使えるのです。

ゲストティーチャーの話を聞いてみよう！

名前：＿＿＿＿＿＿＿＿＿＿＿＿＿＿＿＿＿＿

メモ📝

💡話を聞いて思ったこと、気づいたこと、新しい発見など

関さんへのお手紙や質問

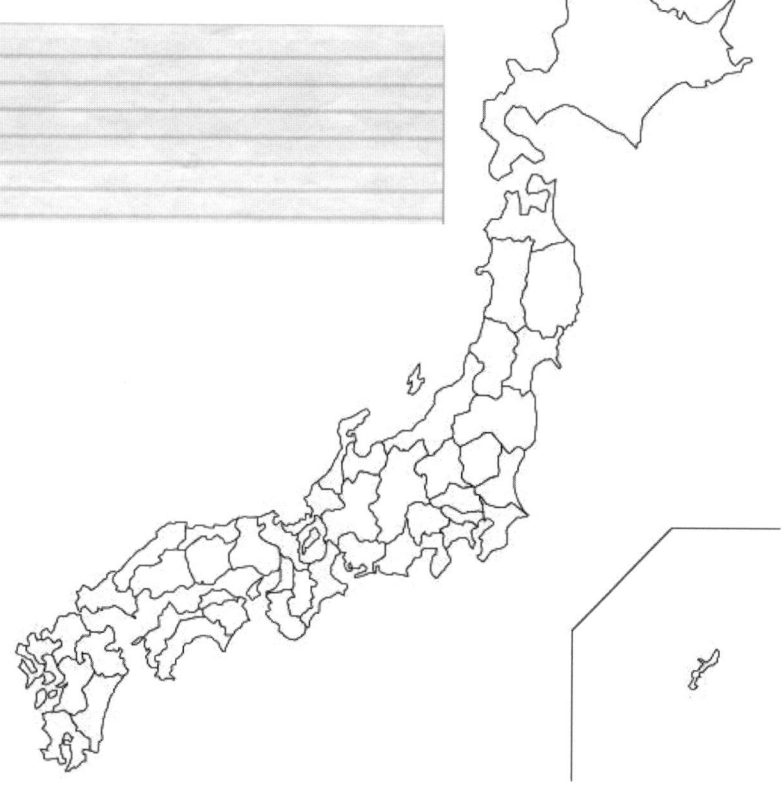

果物県を知ろう

名前：

	1位	2位	3位	4位
りんご	青森	長野	山形	岩手
みかん	和歌山	愛媛	熊本	静岡
ぶどう	山梨	長野	山形	岡山

（2017年）

【 気づくこと 】

Canvaで作成したワークシート

Canva for Education について

　Canva 教育版なら，興味を引きつける授業を作り上げ，生徒が授業中やオンラインで作業できるアクティビティを提供できます。あらゆる科目，学年，トピックに応じた数千種類のテンプレートにアクセスして，Canva のプレミアム機能のすべてを無料で利用することができます。

Canva 教育版で何ができますか？

　あらゆる科目，学年，トピックに応じたすぐに使える数千種類の教育用テンプレートから選択できます。

　画像，フォント，動画，アニメーション，編集機能を使って，魅力的なレッスンやアクティビティを作ることができます。

　どこにいても生徒に届き，モチベーションを高めることができます。生徒の提出物をリアルタイムで共有，レビュー，フィードバックできます。

　テキストやビジュアルステッカーのコメントを追加して，楽しくてインパクトのあるフィードバックを提供できます。

　Canvas, Schoology, D 2 L, Moodle, Blackboard, Google Classroom, Microsoft Teams など，あらゆる教室ツールと簡単に統合できます。

Canva の公式教育支援ページより引用（Canva 教育支援）

《学級通信の作成》

　学級通信は，学校から保護者への重要な情報伝達手段であり，教師がクラスの出来事や通知を家庭に伝えるために用います。Canva を活用することで，このコミュニケーションがより効果的かつ効率的に行えます。

　Canva には多種多様なデザインテンプレートが用意されており，学級通信のための専用デザインも豊富に揃っています。これらのテンプレートは全てカスタマイズ可能で，学校のロゴや特定の色彩を取り入れて，学校のブランドに合わせたデザインが可能です。直感的なドラッグ＆ドロップで簡単に操作をして，写真やアイコン，フォントスタイルを簡単に調整でき，通信の読みやすさと視覚的魅力を同時に高めることができます。

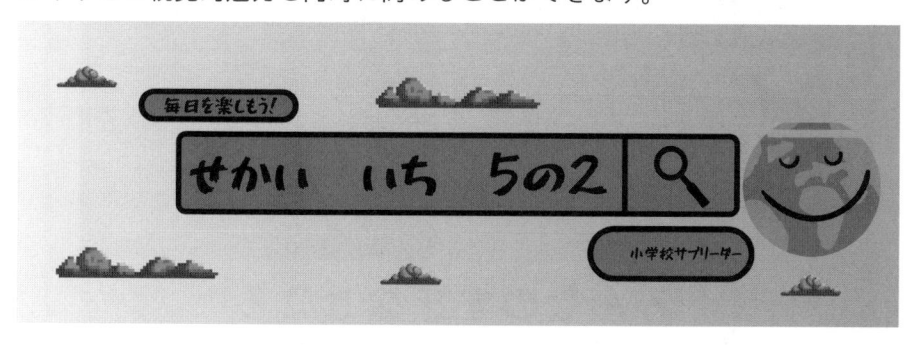

Canva で作成した学級通信のバナー画像

Canva で作成した学年通信のバナー画像

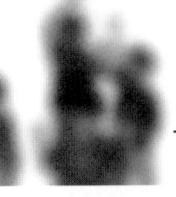

学級だより

令和○年○月
NO.○

○○小学校　○組　谷中

2学期！○組スタート！

みんなが元気に登校してくると、先生も元気になります。
きみたちのパワーは、すごいです。先生も、まけませんよ。
2学期もよろしくね！

みんなが学校から帰ったあとに、みんなの宿題に目を通すと、お家で宿題をがんばっている姿がうかんできました。
　1学期学校でがんばった学習を、毎日コツコツと夏休みも取り組めていたようでうれしく思いました。
　2学期から、さっそくみんなの良いところをたくさん見つけましたよ。

みんなのすきなところ

○○○　さん

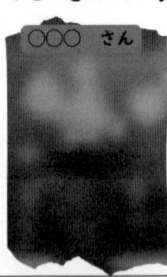
○○○　さん

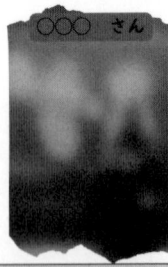
○○○　さん

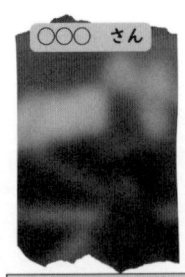
○○○　さん

自分から気づいて、黒板を消してくれました。係の仕事も、ばっちり！
　○○○さんの「あそぼう」という誘いに、気持ちよく「いいよ」と答えていました。見ていて気持ちがよい行動です。さすが我らが○組のリーダーです。

あさの会5分前に教室に、とうちゃくしたのに、すばやいしたくで、まにあわせましたね。
　○○○さんに、色えんぴつをかしてあげるやさしいすがたもはっけん。まるで、おにいさんでしたね。しぎょう式でのしせいも、かっこよかったですよ。

自分から先生のおたすけをしてくれる○○○さんに、今日もたすけられました。ぬりえをテキパキとすばやく、せいせいとんをしてくれて、気づいたときには、きれいになっていました。まるで、ロケットですね。ありがとね。

しっかりと、にっちょくのしごとをすることができました。1がっきにレベルアップした「よいしせい」をわすれていなかったね。うれしかったよ。グタ・ビン・グーこれからもいしきしていこうね。たんじょう日集会もたのしかったね。

Canvaにあるテンプレートを利用した学級通信

●学級通信のデジタル化とその効果

デジタル化が進む中で，学級通信の形式も変わりつつあります。Canva などのデザインツールを使用することで，教師は簡単に魅力的で理解しやすい学級通信を作成し，デジタルで配布することも可能です。

デジタル学級通信は紙とインクの消耗を削減し，印刷や物理的な配布に関わる手間を大幅に減少させます。これにより，教師はその節約した時間を子どもの教育やクラスマネジメントに再投資することができます。

●動画という新たなコミュニケーション手段

デジタル学級通信では，テキストや写真に加えて動画も簡単に組み込むことができます。クラスの活動や特別な行事の様子を動画で共有することで，開かれた学校づくりもでき，保護者にとって子どもたちの学校生活がより身近なものとなり，家庭での会話のきっかけにもなります。

●アクセスの容易さと情報の即時性

オンラインで学級通信を共有することで，保護者はどこからでも簡単にアクセスでき，最新の学校の更新をリアルタイムで受け取ることができます。急なスケジュール変更や重要なお知らせも迅速に伝えることが可能となり，コミュニケーションの効率が向上します。

このように，Canva を活用したデジタル学級通信は，教師と保護者との間でより効果的で効率的なコミュニケーションを実現し，教育環境の質を高める手段として注目されています。

《自己研鑽のアウトプット》

みなさんは，インプットとアウトプットのサイクルを回していますか？きっと，この本を手に取ってくれている方は，インプットに関しては意識できている方だと思います。教員は，インプットすること，インプットさせられることが多い職業だと思います。校内での研修，校外での研修，公研修，読書やインターネットで得た知識など。その際は，インプットした気になるのですが，アウトプットまですることが大切です。特に，この情報に溢れた時

代だからこそ，自分でアウトプットしなければ，情報は埋もれていきます。実際に手を動かし，考えを形にするアウトプットのプロセスを通じて，学んだことを深く定着させる必要があります。しかし，このアウトプットというのが，かなりエネルギーのいることです。インプットした情報を自分なりに解釈して，整理して，まとめて，行動に移すというステップを踏むからだと思っています。

● Canva を用いたアウトプットの効果

Canva などのツールを活用することで，教員は研鑽した内容を視覚的な形でアウトプットしやすくなります。例えば，研修で得た知識をもとに文章やプレゼンテーションを作成することで，自分自身の理解を確かめるとともに，他の教員や子どもたちと共有する資料としても機能します。

> **視覚化による理解の促進**：複雑な概念やデータを視覚的に表現することで，より直感的に理解を深めることができます。
> **共有とフィードバックの容易さ**：デジタルフォーマットにより，作成した資料を迅速に共有し，同僚や専門家からのフィードバックを受けやすくなります。
> **実践的な学びへの転換**：アウトプットを通して，学んだことを自分の指導や校務にどう生かすかを考える良い機会になります。

Canva などのグラフィックデザインツールを使用して，自己研鑽の成果をアウトプットすることは，教員自身の学びをアクティブにし，教育現場での実践的な改善へと繋げる重要なステップです。自分が学んだことを共有し，教育コミュニティ全体の知識向上に貢献しましょう。私は，このアウトプット方法に，どはまりしたときは2学期毎日職員室で発行することができました。

はじめてのポジティブ行動支援/松山 康成⑤

実際に学級に導入しよう！②
ポジティブな行動が生まれやすくする学級環境作り

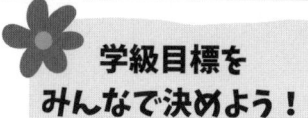
学級目標を
みんなで決めよう！

子どもたちも一人ひとりの願いがある。<u>その願いを実現する学級目標を決める学習のキャッチフレーズとなり、ただ掲げるだけでなく、全員が1年間を通して心がけ、教師も日ごろから言葉にすることができる学級目標を決める。</u>

目標とは、学級が進むべき到達点と言える。ポジティブな言葉で、前向きに肯定的な言葉で表されることが望まれる。

ここで終わっては、ならない！

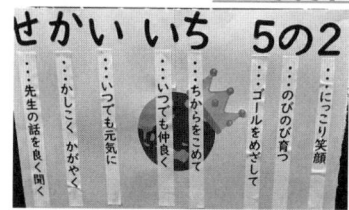

谷中学級より

学級目標が決まったら、その目標を実現するために子どもたちが自分自身で取り組む「行動」を宣言する。

- 「行動」とは、○○する　で表される。
- 「行動」は、週間になる。
- 「行動」は、自分と誰かの行動のきっかけになる。

以上の説明を教師から子どもにすることで、日々行っている一つ一つの行動それぞれについて意識を向けさせる。

目標を実現するための価値と場面ごとの目標を実現する行動を考える

学級目標
↓
価値① ← 価値② → 価値③
↓ ↓ ↓
行動・行動　行動・行動　行動・行動

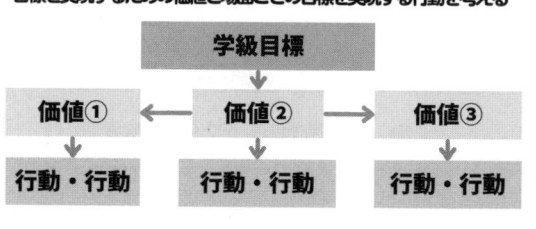

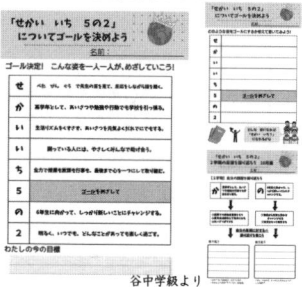

谷中学級より

AIテキストマイニングを利用した学級目標の作成の実践例

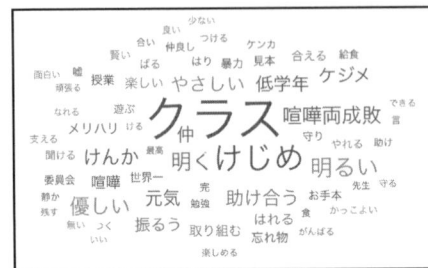

【子どもの意見がAIに分析された結果】

　4月の学級開き。学級目標の決め方には、色々な方法がありますが、子どもの意見を取捨選択し、子どもから学級目標を決めるという点は共通していると思います。今回はその学級目標決めの際のサポート役として情報分析をAIに任せてみました。以前、紹介したこともありますが**AIテキストマイニング**という無料WEBページです。登録も必要ありません。

手順	
①Googleフォームにて、どんなクラスにしたいかを入力させる。 ※Googleアカウントが必要	
②入力させた回答をGoogleスプレットシートにリンクする。（ボタンひとつで） どんなクラスにしたいか？ の回答のセルをコピーする。	
③AIテキストマイニングのサイトにて、データ解析する。 先ほど、コピーしたものをそのまま貼りつけてテキストマイニングするボタンを押す。	
④クラスにて話し合う。	分析したデータを掲示して、子どもの意見をまとめる◎

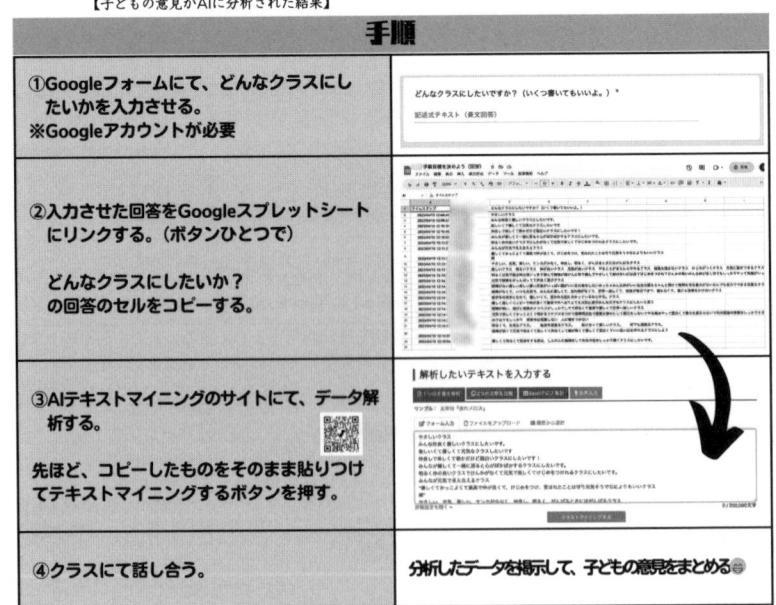

自己研鑽のための教員向けアウトプット通信

　Google Keep は，Google アカウントがあれば無料で利用できるメモアプリです。スマートフォン，タブレット，パソコン，スマートウォッチなどで動作し，追加したメモはすべてのデバイスで同期されるため，いつでも確認できます。

《スクラップノートとして活用》

　スクラップノートとは，情報やアイデアを整理し，保存するためのツールです。私達の生活は，たくさんの情報で溢れています。日常生活を送る中で，TV やインターネット，ラジオ，新聞などのメディアから情報を受け取ります。そして職業病でしょうか。「あ，この情報って 6 年生の算数の授業で使えそうだな！」とか「この資料は，人権週間の際に話したいな」とアイデアが浮かぶんですね。しかし，そんなときに限って，「あ，でも 6 年生の担当じゃないや」とか「人権週間終わったばっかりや」とか時期のタイミングが悪く，記憶の底に眠っていってしまうことがありませんか？　そんなとき，スクラップノートに資料や写真やメモを残しておくと，見返すことができるのです。しかし，アナログの場合，そのページを探すことに時間がかかります。そして，そのスクラップノート自体も何冊も増えていくと，そのスクラップノート自体を探す手間もかかってしまうのです。そこで，おまたせしました。Google キープの登場です。とりあえず Google キープに入れておくことで，「あのときの資料」を引っ張りだすことができるのです。しかも，検索もできます。画像を入れてメモをすることもできるので，視覚的にもすぐに必要な資料を引っ張り出すことができます。

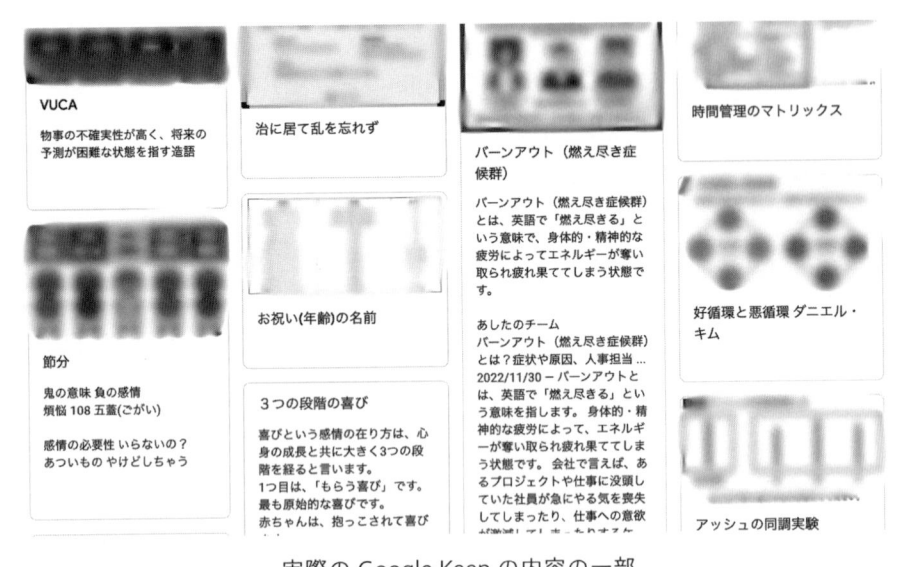

実際の Google Keep の内容の一部

《メモやリストにリマインダーを設定する》

　Google Keep では，メモに日時や場所にもとづくリマインダーを設定することができます。これにより，特定のタスクや会議の準備，重要な期限を忘れることなく管理できるようになります。

　教員は，クラスの管理，授業計画，保護者との連絡，書類の提出など，多岐にわたるタスクを持ちます。Google Keep を用いることで，これらの日常業務を効率化し，授業の質を高める一助にもなります。例えば，配布物リストを作成したり，急に入った会議，行事などのタイムスケジュールを保存したりすることができます。

　このように，Google Keep は教員だけでなく，様々な分野のプロフェッショナルにとっても強力なツールとなることができます。生活のあらゆる情報を管理し，アイデアを具現化する手助けをしてくれます。

　授業に ICT を活用して指導する能力は，主に研修よりも自己研鑽によりスキルを磨く部分が多いことが現状としてあります。自治体により導入端末やアプリケーション，アカウントの有無，持ち帰りの有無など，さまざまとなっています。自治体による研修や，校内での研修も，年に数回であるため，周りに ICT に堪能な先生がいることや自分から興味を持ってスキルを磨くことをしなければ，授業に ICT を活用して指導する能力はなかなか向上しないのではないでしょうか。先に断っておきますが，全てに ICT を活用する必要はありません。私の究極の理想形は，学習者自らが学習道具を選ぶ際の選択肢のうちの一つとして，使い分けることができる姿です。しかし，そのためには，「ICT って便利だ」と教師も子どもも思う必要が前段階として必要です。特に生活が，こんなに便利になるよねと意識させることが大切です。例えば，子どもが登校するまでに黒板やホワイトボードに教師が書いていた連絡。そして登校してきて子どもが連絡帳に毎朝書き，さらにそれを朝の会までに教師がチェックする作業をデジタルにすることや，給食当番や掃除当番をスプレッドシートなどで共有することなど，デジタルによって，いつでも確認できることや，こんなに便利なものを，ゲームや動画だけに使うのは勿体ないと子どもに認識させるのです。私は，授業内外でこんな便利なことができるよと子どもに紹介しています。そうすれば，タブレット端末で，こちらの求めていない姿（ゲームや Youtube，Tiktok をずっと見ている）で困るというよく聞く事案は減るでしょう。

　我々教師が学生の頃になかった ICT 端末ですから，現代の子どものスキルが教師のスキルを上回ることを懸念して使わせにくい，使わせたくないなんて声も聞きます。では，どのように学ぶのかというところです。この章では，どのように授業で活用するかについて簡単にまとめていきます。

《ICT のメリットを知り，デジタルが有用な場面を見極める》

ICT 化のメリット
・情報共有の円滑化
・個別最適化された学習の促進
・情報収集した後のアウトプットの方法が広がる

●情報共有の円滑化

　授業で子どもたちが意見を持つ。その後は，みなさんどうしていますか？よくあるパターンとしては，近くの子と意見交流をしたり，全体発表で意見交流をしたりする流れです。この方法は，もちろん発表する力をつけるなど必要な活動ではあります。しかし，意見交流という視点でいうと「時間がかかること」，「全員の意見は交流できないこと」という課題もあります。しかし，ICT を活用することで，意見を持てた子から意見をプラットフォームに投稿することで，投稿された意見に目を通すことができます。待つ時間が減ります。そして，意見を持てない子に対しても，周りの意見を参考にできるというメリットもあります。そして，発言をしなくても全員の意見を把握できるのです。投稿にコメントする欄を設けると，静かに対話が始まっていきます。「詳しく聞きたい意見があれば席を立って，聞きに行きなさい」これで，物理的な会話を促すことができます。「自分と近い意見があった？」「気になる意見がある人？」と発問をすることも面白いです。

●個別最適化された学習の促進

　ICT の導入によって，教育の個別化が進み，個人に合わせた最適な学習経路を提供することが可能になります。これにより，一人ひとりの理解度や興味に応じた教材や課題を選択し，それぞれのペースで学習を進めることができます。

　以下は，ICT を使った個別最適化された学習の具体的な方法です。

● AI ドリルの活用

　AI ドリルは，子どもの回答パターンを分析し，その学習履歴にもとづいて次に解くべき適切な問題を提示します。このシステムは，子どもが解答するごとに難易度を調整し，理解度を評価しながら個々の進捗に合わせた学習が展開されます。例えば，数学で苦手とする分野に特化した問題が提供され，徐々にその分野での理解を深めていくことができます。これにより，全体の授業進行とは独立して，個人のニーズに対応した指導が実現します。

● 複線型の自由進度学習の展開

　複線型の自由進度学習は，ICT を活用して複数の学習ルートを子どもに提供し，それぞれが自身の興味や能力に応じて学習内容を選べるスタイルです。このアプローチでは，オンラインプラットフォームを通じてさまざまな教材が提供され，子どもは自らの学習進度をコントロールしながら，異なる学問分野やトピックに触れることができます。例えば，社会を学ぶ子どもが時代や地域ごとに異なるコースを選択して，自分の興味や必要に応じた学習を進めることができます。

　これらの方法により，ICT を利用することで，子どもの学習効率を向上させるとともに，学びの自主性を促進し，より深い理解と学習へのモチベーションを育むことや，自己調整能力の向上が期待できます。教師はこれらのツールを駆使して，個々の子どもに最適な学習環境を提供することが求められます。

《ICT の資格を取る》

　「自分で勉強をするにも何をしたらいいか分からない。」私も初任を終えた2 年目から ICT 主任とプログラミング推進教師を任せていただきました。本当に堪能でもなく，「デジタル機器触るの好きかも」くらいの私がしたのは，とにかく資格を取ることでした。いちばん最初に取ったのは Apple Teacher だったかなと思います。そんな ICT の資格について少しまとめます。今は 6

つくらい資格を持っています。すごいでしょ。でも，誰でも取れます。ステータスにもなりますね。笑

● Apple Teacher について

　Apple Teacher は，教育機関向けの WEB サイト上のプログラムです。教師，職員，および教育機関に所属する学生に，Apple 製品，サービス，およびサポートへの特別なアクセスを提供します。iPad や Mac の基礎の学習トレーニングをすることができます。もちろん無料です。基礎スキルを身につけたら，クイズに挑戦してバッジを獲得しましょう。iPad または Mac のいずれかで 6 つのバッジをすべて獲得すると，Apple Teacher として認定されます。クイズは 8 割正解で合格です。

Apple Teacher のメリット
・Apple 製品への理解が深まる
・日々の授業改善につながる
・子どもたちの学びの可能性を広げる
・Apple 製品を活用した授業を構想し，ポートフォリオとしてまとめ，全世界の先生と共有できる

　このプログラムは，特に Apple 製品を頻繁に使用している教育者にとって，少ない努力で大きな成果を得られる絶好の機会です。Apple 製品を好んで使用する教育者は，この機会に認定を目指してみてはいかがでしょうか。特典もありますから，是非調べてみてください。プログラム完了後には，

Apple Teacher の認定バッジが授与され，教育者が公式に Apple 製品の使用に習熟していることを証明します。このバッジを教育者のプロフィール，履歴書，またはデジタルポートフォリオに掲載することで，その専門性を外部にアピールできます。名刺とかスライドの紹介ページに載せても，かっちょいいです。私は，p.63，p.64のように通信に載せています。

バッジを獲得しよう。

基礎スキルを身につけたら、クイズに挑戦してバッジを獲得しましょう。iPadまたはMacのいずれかで以下の6つのバッジをすべて獲得すると、Apple Teacherとして認定されます。

iPad ›   iPadのための
Pages ›   iPadのための
Keynote ›   iPadのための
Numbers ›   iPadのための
iMovie ›   iPadのための
GarageBand ›

 Apple Teacher

認定証

谷中優樹

認定日 2021年05月03日

豊川市立豊川小学校
愛知県 豊川市

● **Google 認定教育者**

Google 認定教育者とは，Google Workspace for Education の各種ツール

を校務や授業に効果的に活用するためのスキルを持つ教育者に与えられる認定資格です。この認定は，基礎レベルの「認定教育者資格レベル1」と応用レベルの「認定教育者資格レベル2」の2つのレベルに分かれており，各レベルは特定の能力と知識を証明します。認定は一定期間有効で，更新が必要です。私自身はレベル1の資格を持っています。Apple Teacher 同様，WEBサイト上で学習トレーニングを積むことができます。もちろん，無料です。Apple Teacher と大きく違うのは，オンライン上での試験があります。オンラインなので，いつでも受験できます。ちなみに受験するのに，お金がかかります。私が受験した際は，10ドルでした。え？　不合格になったらどうするかって？　大丈夫です奥さん。私も一度不合格になりました。再受験して，無事に合格することができました。受験料は，その度にかかるので一発合格するに越したことはないです。

　レベル1では，Google の基本的な教育ツール（Google ドキュメント，スプレッドシート，スライドなど）の使用方法を習得し，効率的な教材作成，コミュニケーション，協働学習を行う能力が評価されます。教育現場での具体的な活用法や学習プロセスの設計，子どものエンゲージメントの向上が求められます。

　レベル2では，さらに高度なテクニカルスキルと教育戦略が要求され，Google ツールを使って革新的な教育を実現する方法に焦点を当てます。これには，教育環境における問題解決，探求学習の推進，教育内容のデジタル変革などが含まれます。

　認定教育者は，教育技術の専門知識があることを証明する Google の認定ロゴやバッジを使用する権利を得ます。このバッジは，履歴書やポートフォリオ，個人のウェブサイトなどに表示することができ，教育者の専門性をアピールするのに役立ちます。これらの資格を取得することで，教育者は自身の ICT スキルを証明するだけでなく，学習者に最新の教育技術を提供する能力を高め，教育の質を向上させることができます。また，世界中の他の認定教育者と知識を共有し，学び合うコミュニティの一員となることが可能です。

Google 認定教育者
レベル 1

認定証明

TANINAKA

貴殿は、Google for Education ツールを使用するために必要な知識、スキル、基本的能力を身につけていることを証明されましたので、ここに本レベルを認定します。

証明書の発行日
21 | 07 | 2023

証明書の失効日
21 | 07 | 2026

Google for Education

● Microsoft 認定教育イノベーター

Microsoft 認定教育イノベーター（MIEE）は，教育関係者を対象にした認定プログラムで，参加者は ICT を活用した教育実践に関するトレーニングを受けることができます。このプログラムは，Microsoft のツールを用いた授業計画の開発や実施方法のトレーニングを提供し，教育者がこれらのツールを効率的に活用し，子どもたちの参加を促進する方法を学びます。

MIEE メンバーは，全世界の教育者コミュニティとの交流機会を持ち，教育アイデアの共有や相互の刺激を受け取ることができます。このプログラムに参加することで，教育テクノロジーに関する最新の専門知識とリソースにアクセスでき，それらを活用して個々の子どもに合わせた教育を提供することが可能になります。

認定者は，日本国内外の専用コミュニティに参加でき，教育版マインクラフトの使用権や自身のプロフィールを公表することが可能です。また，教育技術の革新的な利用を推進することで，教育方法を再考し，子どもたちの学習経験を向上させる新たな手法を探求する機会を得られます。

認定者には，最新の ICT 教育技術に関する研修やセミナーが提供され，効率的かつ効果的な学習環境の実現に寄与します。特定のイベントやセミナー

への参加など，認定者向けの実践支援も豊富です。これにより，教育者は自らの専門性を高め，教育技術の最前線で活動するための重要な支援を受けることができます。

《ICT 指導のタイミング》

　ここまで読んでくださった読者のみなさんは，ICT の便利さに気づいてくれているでしょう。（そういうことにしておきましょう）

　では，この多忙な毎日の中どのように時間を確保して，指導していくのかという話をしていきます。

　結論から言うと，「経験値に勝るものはない」と思っています。つまり，ここでは頻度が大切です。他の教科の授業と同じように単元の途中で 2 週間も時間が開いたらどうでしょう。そうです。忘れるのです。しかし，子どもたちも ICT への適応能力がかなり高いです。3 回ほど繰り返すことで，自分でサクサク始めるようになります。ICT の教育への活用は，単に技術を学ぶだけではなく，教育課程の各段階で意味のある方法で組み込むことが重要です。

●教育課程の導入時

　新しい単元やプロジェクトが始まるときに ICT ツールを紹介し，どのようにしてその単元で ICT を活用するかを説明します。子どもたちには，それらのツールが学習目標の達成にどう貢献するかを理解させます。

● 授業活動中

学習活動中にリアルタイムで ICT を活用することが推奨されます。情報検索，オンライン上での協働学習，プレゼンテーションアプリの使用などがこれに当たります。これにより，子どもたちは実際の課題解決に ICT をどのように活用できるかを学びます。

● 学習評価時

学習の理解度をチェックするためにオンラインクイズの Kahoot! やデジタルポートフォリオシステムを使用します。これにより，教員は即時に学習成果を評価し，必要に応じて追加指導を行うことが可能です。

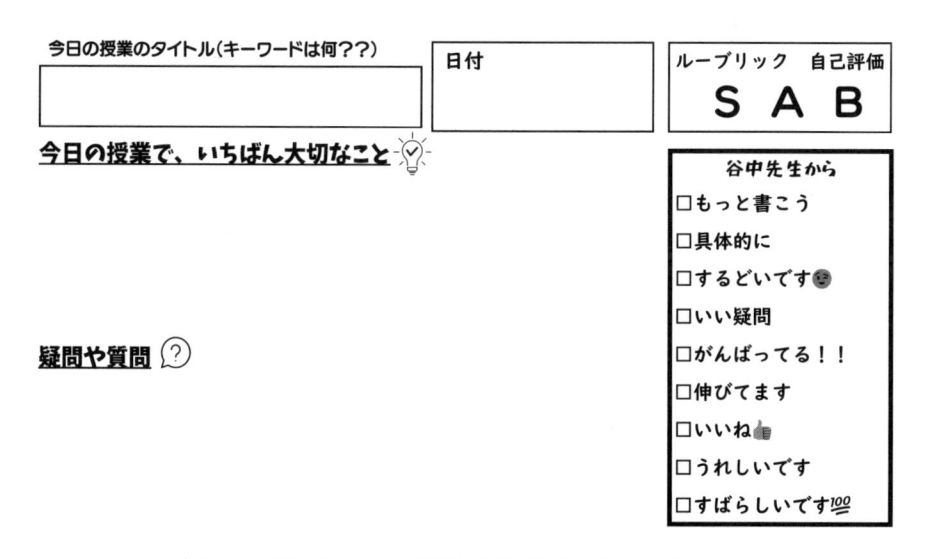

デジタル OPP シートの実践の際に使用したワークシート

ダウンロードは
こちらから

●特別活動や当番の仕組み

　教育課程外の時間，特に特別活動や当番の仕組みに ICT を組み込みます。これにより，ICT に触れる機会が増え，生活の中で自然とデジタルスキルを身につけることができます。

●プロジェクトや発表の準備

　学期末のプロジェクトやクラス発表の準備時には，プレゼンテーションソフトやビデオ編集ツールの活用を指導します。子どもたちはこれらのツールを使用して研究結果を整理し，効果的に情報を伝える方法を学びます。

●振り返りとフィードバックの段階

　学習活動後の反省やフィードバックなどオンラインプラットフォームを通じて行います。子どもたちは自らの学習過程や成果について自己評価し，自己認識と学習への意識を深めます。

　これらの活動を通じて，教育者は子どもたちの学習体験を豊かにし，ICT スキルと共に批判的思考力や問題解決能力を育成します。

③ ICT 活用の基本！　情報リテラシーとその重要性

　教育の DX 化が進む中で，教員には子どもたちに情報活用の基盤となる知識や態度を効果的に指導する能力が求められています。前章の「情報モラル教育とデジタルシティズンシップ教育」にも述べましたが，情報社会で求められる知識と態度を子どもたちに教えることは，単にデジタルツールの操作方法を伝える以上の意味があります。この教育は，子どもたちが自分自身の行動やデジタル社会での役割について深く考え，責任ある行動をとれるようにすることを目的としています。以下では，教育者が子どもたちに提供すべき重要なスキルと概念について詳しく解説し，教育現場での具体的な指導方法についても触れていきます。

《情報の選択と活用》

　情報源の信頼性を評価する方法を教えます。どの情報が信頼できるかを見分ける能力は，インターネット上の大量の情報の中から適切なものを選ぶために必要です。授業内で様々なケーススタディを利用し，子どもに異なる情報源を評価させます。例えば，ニュース記事などの違いを分析させることが考えられます。子どもが情報をただ受け入れるのではなく，それに対して質問を投げかけ，批判的に考える訓練をします。討論やグループ討論を定期的に行い，多様な視点から情報を評価する機会を提供しても良いでしょう。国語の単元でいえば，「インターネットの議論から考えよう」（東京書籍・6年生）「書き手のくふうを考えよう〜『給食だより』を読みくらべよう〜（東京書籍・3年生）「表し方のくふうを考えよう〜広告を読みくらべよう〜」（東京書籍・4年生）などもあります。

　また活用という部分では，ブックマークやお気に入りに自分で入れておいて，すぐにアクセスできるように指導することやデジタルノートやデジタルメモ，マインドマップなどのシンキングツールの使用を指導できると良いですね。「これは，ブックマークしておくと便利だね」とか「え，もう開いているね。お気に入りに入れておいたの？　賢いね」などと声掛けをしていると自分たちで判断して，活用するようになります。何度も言いますが，子どもたちの情報活用能力は非常に高いのです。センスの塊です。しかし，未熟が故に間違った行動をすることもあります。黒歴史やインターネット炎上と呼ばれるもの。それを正す。または，未然防止してあげることも我々の使命かもしれません。

《デジタルコミュニケーションの倫理》

　デジタルコミュニケーションの倫理を教育することは，子どもたちがオンライン空間で適切に行動するために不可欠です。まず，相手の尊重を基本とした交流，適切な言葉遣いなどを含むクラス全体で共有するオンライン行動規範を作成します。また，個人情報の保護についても教え，どの情報を共有

してはいけないのか，パスワードの強化やセキュリティの重要性について理解を深めます。

　さらに，ネットいじめの認識と対策を教育することで，子どもたちがオンラインで直面する可能性のあるネガティブな行動を識別し，適切に対応する方法を学びます。また，健全なオンライン上での対話を促進するために，異なる意見を尊重し，建設的な意見交換ができるよう指導します。NHK for School には「スマホ・リアル・ストーリー」という動画教材もあります。10分くらいの時間で視聴できるため，話し合って解決策を考える授業におすすめです。

　デジタルフットプリント（インターネット上に残される特定個人のオンライン活動に関する情報）の教育では，子どもたちにインターネット上の行動が長期的な影響を持つことを理解させ，公開する情報を慎重に選ぶよう促します。これらの教育を通じて，子どもたちはオンラインでの行動が現実世界でのそれと等しく重要であることを学び，情報社会で健全に生きるための基盤を築くことができます。

3 教員の負担軽減へ！すぐに始められる校務 DX の実践

　校務 DX（デジタルトランスフォーメーション）とは，教育機関における校務や教育に関わる事務仕事などデジタル技術を用いて効率化，改善する取り組みです。この目的は，教育の質を向上させると同時に，教員の負担を軽減し，管理作業の効率を高めることにあります。

①クラウドで書類管理をスマートに！
　Google ドライブなどのクラウドストレージを利用して，教材や教務関連のドキュメントをデジタル化し，共有します。これにより，どこからでもアクセス可能となり，バージョン管理も容易になります。

②連絡網も出席管理もデジタルで一括管理！
　教職員や保護者，子ども間での情報共有をスムーズにするために，メールや専用の通信アプリを活用。これにより，紙ベースの通知や連絡帳の配布にかかる手間と時間を削減します。

③オンラインで予定管理をスムーズに！
　Google カレンダーや Microsoft Outlook や共有 Excel などを使用して，会議，研修，授業のスケジュールを管理。全教職員が参照・更新できる共有カレンダーを設定して，日程調整の手間を減らします。

④表計算アプリで提出物管理を効率化しよう！
　提出物をデジタルで管理することで，紙を探す時間，名簿を印刷する時間，紛失するリスク回避できるなどのメリットがあります。

①クラウドで書類管理をスマートに！

クラウドベースのデータ管理は，教育現場において大きな変革をもたらすテクノロジーです。特に，Google ドライブや Microsoft OneDrive といったクラウドストレージサービスの利用は，教材や教務関連のデータを効率的に管理する上で非常に有効です。以下では，これらのクラウドサービスを活用する具体的な利点と方法について詳しく説明します。

クラウドストレージの基本的な利点

アクセス性の向上

クラウドストレージを使用することで，インターネットに接続できる場所からなら Word などで作成した資料や文章，教材にアクセスすることが可能になります。これにより，教師や教育行政職員は，学校だけでなく自宅や移動中でも必要な情報にすぐ手を伸ばすことができます。

バージョン管理と更新の容易さ

Google ドライブや OneDrive は，データの各バージョンを自動的に保存します。これにより，過去のバージョンへのアクセスや，誤って情報を上書きしてしまった場合の復元が容易になります。また，データがリアルタイムで更新されるため，複数の教職員が同時に同じデータを編集することが可能です。印刷⇒チェックしてもらう⇒修正⇒印刷⇒提出などの手間からも解放されます。

共有と協働の強化

クラウドサービスはユーザー間でのデータの共有をシンプルにします。特定のデータやフォルダへのアクセス権を他の教職員と簡単に共有することができ，情報の共有がスムーズに行われるようになります。

教育現場でのクラウドストレージ活用法

教材の整理と共有

　授業計画，課題，参考資料など，教材関連のデータをクラウド上にアップロードして管理します。これらの資料はカテゴリごとにフォルダ分けされ，データに応じて教師や子どもと共有されます。

授業外活動やプロジェクトの管理

　学校行事や特別プロジェクトの計画資料をクラウド上に保管し，関係者間で共有します。これにより，関連するすべての教職員が最新の情報を確認でき，計画の調整や実施がより効率的になります。変更するたびに印刷する手間が減ります。

重要文章の管理

　出勤簿，会議録，年間計画などの教務行政に関わる重要文書もクラウド上で管理します。これにより，文書の紛失リスクを減らし，必要な文書を迅速に検索して取得することが可能です。

セキュリティとプライバシー

　クラウドサービスを利用する際には，セキュリティとプライバシーの保護も重要です。敏感な情報を扱う場合，適切なアクセス権限の設定や，定期的なチェックを行い，データや個人情報保護を遵守することが求められます。

　クラウドベースのデータ管理は，教育機関の運営をデジタル化し，効率化するための強力なツールです。これにより，教育の質を向上させると同時に，教育行政の負担を軽減することができます。

②連絡網も出席管理もデジタルで一括管理！

《電子連絡網の導入》

　電子連絡網のシステムを利用することで，教職員，保護者，そして生徒間の情報共有が迅速かつ正確に行えるようになります。以下に，電子連絡網と電子的な出席管理システムの導入のメリットと具体的な活用方法について詳述します。

電子連絡網のメリット

手間と時間の削減

　電子連絡網を使用することで，紙ベースの通知や連絡帳の配布にかかる手間が大幅に削減されます。

即時性と正確性の向上

　メールや専用の通信アプリを活用することで，保護者や子どもへの情報提供がリアルタイムで可能となります。また，プラットフォームによっては既読確認ができるため，情報が確実に伝わったかどうかを把握することができます。

環境への配慮

　電子連絡網の利用は，紙の消費を減らすため環境に優しい選択です。また，紙の通知を印刷，配布，回収する過程で発生するインクやマスターなどの資源の浪費を抑制します。

訂正と更新の容易さ

　間違いがあった場合の訂正や，必要に応じた情報の更新が迅速に行えるため，常に最新の情報を共有できます。

《電子的な出席管理システムの導入》

電子的な出席管理システムを導入することで，紙の出席簿による手書きの記録という煩雑な作業を省略し，出席データを効率的に管理することが可能です。このシステムは以下のようなメリットを提供します。

電子的な出席管理システムのメリット

リアルタイムでの出席情報の更新

出席情報がリアルタイムでシステムに記録されるため，だれが欠席であるかを即座に確認できます。これにより，不在者に対する迅速な対応が可能になります。

自動化による時間の節約

出席のチェックを自動化することで，教師は毎朝の貴重な時間を教育活動に充てることができます。また，出席データの手動入力によるエラーを減らすことができます。

欠席者のフォローアップの効率化

欠席情報が即座に確認できるため，必要な連絡を保護者に迅速に行うことができます。これにより，子どもの安全を確保し，保護者との信頼関係を強化します。

電子連絡網と電子的な出席管理システムの導入は，教育環境のデジタル化を進める上で非常に有効な手段です。これらのシステムを活用することで，教育機関はより効率的で透明性の高い運営を実現し，授業準備などの時間を確保することができ，教育の質を向上させることが可能になります。

オンラインスケジュール管理は，教育機関における組織的な効率を大幅に向上させる手法です。Google カレンダー，Microsoft Outlook，共有 Excel といったツールを活用することで，会議，研修，授業などのスケジューリングが簡単かつ効率的に行えるようになります。以下に，オンラインスケジュール管理の具体的な使用方法とそのメリットを詳しく説明します。

オンラインスケジュール管理の使用方法

共有カレンダーの設定

Google カレンダーや Microsoft Outlook には，複数のユーザーがアクセスし，情報を共有できる共有カレンダー機能が備わっています。この共有カレンダーを教職員全員で使用することで，個々のスケジュールはもちろん，全体のイベントや会議のスケジュールを一元管理できます。

アクセス権の管理

必要に応じて，カレンダーの編集権限を持つユーザーを限定することが可能です。例えば，管理者や特定の教職員にのみ編集権を与え，その他のメンバーは閲覧のみ可能とする設定が推奨されます。

リマインダーと通知の設定

重要な会議や研修の前には自動的にリマインダーを設定しておくことで，関係者がスケジュールを忘れることなく，準備を行えるようになります。

モバイルアクセスの利用

クラウドを活用して，カレンダーにアクセスできるように設定すると，外出先や自宅でも最新のスケジュールを確認することができます。

オンラインスケジュール管理のメリット

日程調整の効率化
　全教職員がスケジュールをリアルタイムで確認できるため，会議や研修の日程調整がスムーズになります。また，重複する予定がある場合は即座に調整が可能で，計画的なスケジューリングが実現します。

透明性の向上
　スケジュールが全員に開示されることで，教育機関内の透明性が高まり，信頼関係の構築に寄与します。また，予定の変更や更新があった場合も，関係者全員がすぐに通知を受け取ることができます。

リソース（資料）の最適化
　スケジュール管理をオンラインで一元化することにより，教育機関のリソースを効率的に利用できます。例えば，教別教室の予約や教材の準備など，必要なリソースの計画を適切に行うことができます。

環境への配慮
　紙のスケジュール帳やメモを使う代わりにデジタルツールを使用することで，紙の使用量が減り，環境負荷の軽減にも繋がります。

　オンラインスケジュール管理を導入することで，学校や教育機関はより効果的な運営が可能になり，授業準備などの時間を確保することができ，教育の質を向上させることが可能になります。

④表計算アプリで提出物管理を効率化しよう！

4月 ... 子どもから回収するもの多すぎ問題。

4月だけでなく，1年中かもしれません。保護者の方に色々な書類を紙媒体で提出をお願いする学校もまだまだ現場にはあることでしょう。

そんな提出物をデジタルで管理することでメリットがあります。それは

①紙より紛失しにくい
②一目で見やすい
③いつでもどこでも管理できる

ダウンロードはこちらから

名簿	提出物チェックシート					
	家庭環境調査票	保健調査票	緊急メール	ぞうきん	緊急下校	個人情報取り扱い
	☑	☐	☐	☐	☐	☐
	☐	☑	☐	☐	☐	☐
	☑	☐	☐	☐	☐	☐
	☐	☑	☐	☐	☐	☐
	☐	☐	☑	☐	☐	☐
	☐	☐	☐	☑	☐	☐
	☐	☐	☐	☐	☐	☐
	☐	☐	☐	☐	☐	☐
	☐	☐	☐	☐	☐	☐
	☐	☐	☐	☐	☐	☐
	☐	☐	☐	☐	☐	☐
	☐	☐	☐	☐	☐	☐
	☐	☐	☐	☐	☐	☐

Google スプレッドシート版の提出物チェックシート

出ていない人が一目瞭然です！　タブレットさえあれば教室でも職員室でも提出されたタイミングでチェックができます。そして，デジタルであれば，紙幅の問題で2枚目を印刷する必要もないのです。

A	D	E	F	G
	提出物チェックシート			
名簿	緊急メール	ぞうきん	緊急下校	個人情報取り扱い
	☐	☐	☐	☐
	☑	☐	☐	☐
	☐	☐	☐	☐
	☑	☐	☐	☐
	☐	☐	☐	☐
	☐	☑	☐	☐
	☐	☐	☐	☐
	☐	☐	☐	☐
	☐	☐	☐	☐
	☐	☐	☐	☐
	☐	☐	☐	☐

Google スプレッドシート版の提出物チェックシート②

また，このように，Aの列を「固定」することができるため，名前と提出物のチェックがリンクしているかの確認も紙での管理より圧倒的に便利です。iOS 端末をお使いの方は Numbers 用もあります。以下の QR コードからダウンロードして是非，活用してみてください。

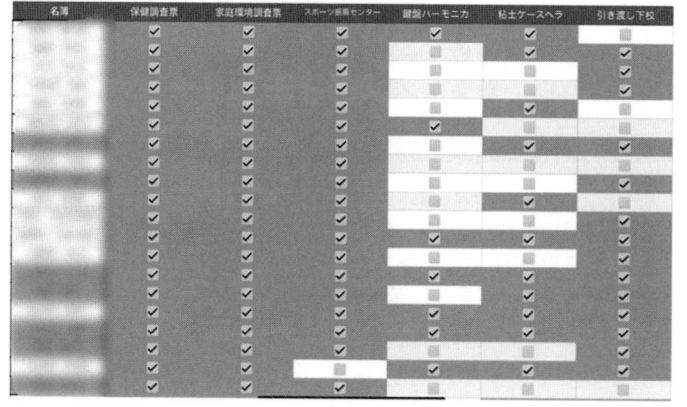

Numbers 版　提出物チェックシート

ダウンロードは
こちらから

⑤【応用】生成 AI の校務活用

「教育の現場では，生成 AI を活用して，子どもの創造性や批判的思考を刺激するツールとして使うことができます。子どもが作成した文章に対するフィードバックを提供したり，複雑なトピックを分かりやすく説明する素材を作成したりする際に役立ちます。」と第一章では述べました。文部科学省は，教育現場におけるデジタル技術の導入を推進しており，生成 AI の活用についても前向きな姿勢を示しています。

「情報化社会の進展に伴い，教育現場においても ICT の積極的な活用が求められています。生成 AI などの先端技術は，教育の質を向上させるだけでなく，教員の業務負担を軽減し，より創造的な教育活動を可能にします。」（文部科学省，ICT 教育推進室より）

このような文部科学省の方針にもとづき，生成 AI を活用することで，教育現場の業務効率化と教育の質の向上が期待されます。

自作の校務効率化 GPTs

生成 AI は，秘書のようなイメージを持っています。ホリエモンこと堀江貴文氏は，「生成 AI は大脳の拡張機能になっている」とも表現しています。何を生成 AI に頼むことで，業務の効率化につながるかを思考することも教員にとって必要な力になると思います。次回の学習指導要領では「AI」に関する言葉が出てくるのは明白です。

　生成 AI（生成型人工知能）は，教育現場での校務効率化に大きな可能性をもたらします。以下に，具体的な活用例と実践方法を挙げます。

《文書作成とレポートの自動生成について》

　生成 AI を利用することで，日々の報告書やレポートの作成が迅速かつ正確に行えます。例えば，定型的な校務報告書や会議の議事録を生成 AI に任せることで，教員はより重要な業務に集中できます。生成 AI は，入力されたデータや情報にもとづいて文書を作成し，時間と労力の削減を可能にします。私の場合は，会議の内容を音声入力でテキスト化→生成 AI に貼り付け。「＃議事録を作成して」であっという間に完成します。ほんまに全ての作業含めて 3 分くらいです。次の図の議事録の画像は，実際の会議での内容を音声入力して，生成 AI に議事録を作ってもらった際のものです。タブレット端末には「音声入力機能」があります。端末にもよりますが，iOS などの音声認識は，大変優秀です。多少の誤変換や誤認識はありますが，話した言葉を自動でほとんど正確に文字起こししてくれます。つまり，することはたった一つ。会議前にタブレット端末の音声入力機能をオンにするだけです。音声入力機能だけでも十分ですが，さらに精度を求めるなら CLOVA Note を使うと良いでしょう。LINE 社が提供するこのアプリは，AI 技術を使って音声を文字に変換ができます。3 人以上の会話では AI が話者を区別し，話者ごとに会話を分けて表示することもできます。Word や text，Excel ファイルで出力もできちゃいます。

#議事録をつくって

新規ノート
2024.░░░░░ 午後 ░░░ ・ 30分 22秒
谷中優樹

じゃあ、その理解の方お願いします。今日は主に2点、タブレットの活用について、課題設定についてちょっとご意見をいただきたいと思っています。タブレットについて

はい、じゃあ、タブレットについては、░░░░░░░░░░░░░は割と使ってくれてることが多いからっていうので、それを░░░らしさにしていけたらいいよねなんて話をしてくれています。ただ、現実問題として、使えている人と していない人の差は激しいかな、なんていう風に思いました。必ずしも使いましょうではないですけど、

いろんな人が使えるようになっていけたらいいな、なんていう風に思っています。で、それをじゃあどうやって 広めていくかっていうのをちょっと相談したくて。それこそ、去年、谷中先生が1年間通信に出してくれて、いろんなものを載せてくれて、 見て、あって思った人は多分やってるだろうし、うん、で、

ちょっとなって、ちょっとまだハードルがっていう方はまだ使えてないしっていうところにあると思うので、

どうやって広めてったらいいかなっていうのが自分の中で今悩んでる

ChatGPT に指示した内容

議題1：タブレットの活用について

- ⬛⬛⬛⬛⬛⬛⬛⬛でタブレットの使用が比較的多いことを好意的に評価。しかし、使用している教師とそうでない教師の間に大きな差が存在。
- 谷中先生は、過去1年間の通信を通じてタブレット活用の事例を共有。しかし、まだハードルが高いと感じている教師も多数。
- タブレット支援のマークを導入し、授業内でのタブレット使用を示唆する案が提案された。
- 研究発表の場でタブレットの具体的な使用例を共有することが検討されている。

議題2：課題の設定について

- 構想図内での課題設定の共通認識が固まっていないとの問題提起。
- 身近な教材、頑張ればできそうな課題、子供の感情を揺さぶる課題、疑問課題などのカテゴリが設けられている。
- 具体的な課題設定方法については意見が分かれ、統一する方法について議論が必要。

その他のポイント

- タブレットの普及方法として、ワールドカフェ形式のワークショップやデジタルスキルの共有が提案された。
- 若手教師とベテラン教師の間でデジタルスキルの伝授と受容の交流が模索されている。
- 教育の質の向上とタブレットの有効利用を目指して、継続的な支援と研究が求められている。

次回の予定

- 次回の会議日時と議題の確認。
- タブレット活用の進捗状況と課題設定の具体的な例の共有。

ChatGPT が作成した議事録

《とにかくまとめる》

●学習に必要なリンク集をまとめる

　教育現場では，学習に必要なリンクやリソースを一元的にまとめておくことができると便利です。教員や子どもが必要な情報に迅速にアクセスできるようになります。生成 AI を活用することで，これらのリンク集を簡単かつ効果的に作成・管理することが可能です。

実践方法

必要なリンクの収集

　学習に関連する信頼性の高いリンクやリソースを収集します。これには，オンライン教材，教育動画，学習ツール，リサーチ資料などが含まれます。

生成 AI によるリンク集の作成

　収集したリンクを生成 AI ツールに入力し，カテゴリーごとに整理されたリンク集を作成します。AI は，適切な見出しや説明文を自動生成し，リンク集を分かりやすく構成します。

共有と管理

　作成したリンク集を Google ドライブや Microsoft OneDrive などのクラウドストレージに保存し，共有設定を行います。全教職員や子どもがアクセスできるようにし，リンク集の更新や追加も容易に行えるようにします。

● 子どもの意見をまとめる

　子どもたちの意見やフィードバックをまとめることで，授業の改善や教育活動の質の向上に役立ちます。生成 AI を利用すれば，子どもの意見を効率的に収集・分析し，レポートとしてまとめることができます。

実践方法

意見収集の準備

　Google フォームや Microsoft Forms などを使用して，子どもたちの意見やフィードバックを収集するためのアンケートを作成します。

生成 AI による分析

　集めたデータを生成 AI ツールに入力し，意見やフィードバックを自動的に分析します。AI は，共通のテーマや傾向を抽出し，視覚的にわかりやすいグラフやチャートを生成します。

レポートの作成

　生成 AI が作成した分析結果をもとに，子どもの意見をまとめたレポートを作成します。このレポートを教職員間で共有し，授業改善や教育方針の見直しに役立てます。

以下の表にポジティブな意見とネガティブな意見を整理しました。

ポジティブな意見	ネガティブな意見
5分前に放送室に行って放送の練習ができた。	言い間違えた時にすぐに失礼しましたが言えず間が空いてしまった。
音楽を流す時なるべく間をあけずにできた。	聞こえやすい音量で放送できた。
2日連続同じ曲が流れないように注意できた。	原稿を読むのに時間がかかってしまった。
放送原稿を早めに書いて出すことが出来た。	原稿を綺麗に描くことができなかった。
曲は被らずに流せた。	休んでいて放送ができなかった。
音楽を流すとき前日と同じ曲を流さないように気をつけた。	5年と4年が放送中に笑っていた。
放送原稿を書くのが遅れないように渡された次の日には書くことが出来た。	放送するとき声の大きさに気をつけることができた。
次回からは、間違えを防ぐために時間があるときに何回も原稿を読み直したい。	時間がわからず遅くなってしまった。
昨日と同じ音楽を流さないように気をつけて曲を選ぶことができた。	放送をする時にハキハキと言うことが注意できてなかったです。
5分前ぐらいに放送室に行って役割分担や読む練習をしているので毎回スムーズに放送を進めることができています。	放送原稿を正しく読むことができました。
曲を流している途中で曲を止めて、別の曲にかえてしまった次からは気をつけたいです。	給食を食べる時間が無くて放送室に着くのがギリギリになってしまった。
放送の時に大きな声で言えたり、ハキハキいうことができた。	次回からは、時間を見て放送室に行くようにします。
家で、原稿を読む練習ができたのでこれからも続けていきたいです。	放送の原稿を学びポケットに提出するのを忘れてしまった。
次からは、原稿の文字を丁寧に、綺麗に書きたいです。	放送の事を忘れてゆっくり食べて食べていたら遅れかけた。
同じ曲を2日連続で流さずにできた。	放送の終わりに言う名前を間違えて言ってしまった。
放送原稿を書き終わっていたけど、先生に当日まで出すのを忘れてしまった。	給食の献立を間違えた。
声の大きさも前回よりもちょうど良い大きさでできた。	放送の開始時間が分からず少し遅れてしまった。

放送委員会の振り返りを瞬時に整理させた画像

ポジティブな意見

ポジティブな意見は、放送活動の成功点や改善を意識した積極的な取り組みを示しています。以下に、具体的な内容をまとめました。

1. 準備と練習

- 5分前に放送室に行き、放送の練習を行った。
- 役割分担や読む練習を事前に行い、スムーズに放送を進めることができた。
- 家で原稿を読む練習を継続的に行い、自信を持って放送に臨むことができた。

2. 放送内容の工夫

- 2日連続で同じ曲が流れないように注意した。
- 曲を流す際、なるべく間を空けずにスムーズに切り替えた。
- 曲を流している途中で別の曲に変える工夫を行った。

3. 放送の質の向上

- 放送原稿を早めに書いて提出し、準備を整えた。
- 大きな声でハキハキと放送することができた。
- 声の大きさを前回よりも改善し、聞き取りやすい放送を心掛けた。

ネガティブな意見

ネガティブな意見は、放送活動における課題や失敗点を示しています。これらの意見をもとに、今後の改善策を検討します。

1. 放送のミス

- 言い間違えた時にすぐに「失礼しました」と言えず、間が空いてしまった。
- 給食の献立を間違えて放送してしまった。
- 放送の終わりに名前を間違えて言ってしまった。

2. 準備不足

- 原稿を読むのに時間がかかってしまい、スムーズに進行できなかった。
- 放送の原稿を学びポケットに提出するのを忘れてしまった。
- 放送の事を忘れてゆっくり食事をしてしまい、遅れかけた。

3. 放送内容のトラブル

- 5年と4年の放送中に笑ってしまい、集中を欠いた。
- 昨日と同じ音楽を流してしまった。
- 放送の開始時間が分からず、少し遅れてしまった。

改善策の提案

ネガティブな意見を基に、以下の改善策を提案します。

1. **放送ミスの防止**
   - 言い間違えた時には迅速に「失礼しました」と言う練習をする。
   - 放送前に給食の献立や名前などを確認し、間違えないようにする。

2. **準備の徹底**
   - 放送前に原稿を読み返し、スムーズに進行できるようにする。
   - 学びポケットに放送原稿を提出する習慣をつける。
   - 放送の事を忘れないように、タイマーやリマインダーを活用する。

3. **放送内容の向上**
   - 笑いを防ぐために、集中力を高める練習を行う。
   - 音楽の選曲を前日と異なるものにするように注意する。
   - 放送の開始時間を正確に把握し、遅れないように準備を整える。

結論

今回の分析を通じて、放送活動における成功点と課題が明確になりました。ポジティブな意見は継続し、ネガティブな意見を改善することで、放送の質をさらに向上させることができます。今後も継続的な練習と改善を重ね、より良い放送を目指していきましょう。

生成 AI が生成した分析レポート

《アイデア出し》

生成 AI は，教育現場でのアイデア出しにも大いに役立ちます。多様な視点や新しい発想を提供し，教師がより創造的な授業計画や活動を立案する手助けをします。以下に，具体的な活用例を示します。

●画像生成：図工

図工の授業では，生成 AI を活用してアイデアやデザインを生成することができます。これにより，子どもたちの創造力を刺激し，より豊かな作品を作り出す手助けができます。

実践方法

テーマの設定

図工の授業で扱うテーマを決め，生成 AI にそのテーマに沿った画像やデザイン案を生成させます。例えば，自然や動物，未来の都市など，具体的なテーマを設定し，それに基づいたデザインを生成 AI に依頼します。

子どもたちとの共有

生成された画像やデザイン案を子どもたちと共有し，参考にしながら自分たちの作品を作るように促します。これにより，子どもたちは新しい視点やアイデアを得て，独自の創造力を発揮しやすくなります。

作品の展示

子どもたちが制作した作品を生成 AI による画像と一緒に展示し，クラス全体で作品を鑑賞する機会を設けます。これにより，子どもたちは互いの作品を見て学び，創造性を高めることができます。

図工の教材の例示を示すとき，みなさんはどうしますか？　①見本を教師

が作成して紹介する。②教科書に載っている作品を紹介する。③インターネットで探した作品の見本を紹介する。④むしろ見せない。

　従来の方法は，こんなところでしょうか。どのアイデアも実施したことがあるのですが，どうしても紹介したものに作品が引っ張られるし，見せない方法も面白いですが，イメージを持てない子もいます。であれば，たくさんの見本があれば，助かりますよね。生成 AI の画像作成機能を使用すれば，多くの画像を作成することができます。

● サーキット練習
　体育の授業や運動会や持久走大会などの行事の準備では，生成 AI を活用してサーキット練習のアイデアを出し，効果的な練習メニューを作成することができます。

実践方法

目的と対象の設定

　練習の目的や対象（例：持久力向上，バランス強化など）を決めます。例えば，運動会でのリレー競技のための持久力向上や，体幹を鍛えるバランス練習などの目的を設定します。

生成 AI によるメニュー生成

　目的と対象にもとづいて，生成 AI にサーキット練習のメニューを生成させます。AI は，効果的な練習方法や組み合わせを提案し，具体的な練習メニューを作成します。

実施と調整

　生成されたメニューをもとに練習を実施し，必要に応じて内容を調整します。子どもたちの反応や実施結果より，メニューを改善していきます。

このように生成 AI を利用することで，子ども一人ひとりの体力や目的に合わせたカスタマイズが容易になり，より効果的な体育の授業が展開できます。

● 行事の台本

　学校行事の台本作成にも生成 AI を活用できます。これにより，台本作成の時間と労力を大幅に削減し，質の高い内容を提供できます。

実践方法

行事の概要設定

　行事の目的，内容，役割分担などの概要を決めます。例えば，学芸会，運動会，卒業式などの行事について，基本的な構成を設定します。

生成 AI による台本作成

　生成 AI に概要を入力し，台本のたたき台を生成させます。AI は，役割分担やスケジュールにもとづいた台本を作成し，細部の調整が必要な箇所を明示します。

台本の確認と修正

　生成された台本を確認し，細部を修正して最終版を作成します。教職員や関係者と協力して，台本の内容を確認し，必要な修正を加えます。

　生成 AI を利用した台本作成は，単なる作業の効率化だけではなく，教育の場における創造性と参加を促進する強力なツールです。特に，学校行事の準備においては，AI が生成した台本を「たたき台」として利用し，子どもたちが自分たちのアイデアを加え，改善する過程は，コミュニケーションとチームワークの学習にも繋がります。

　この方法では，子どもたちが「このセリフはもっとこうしよう」と自ら提

案することが奨励され，AI の単純な使用を超えて，AI を活用する力を身につけることができます。さらに，細かいニュアンスや学校独自の行事名をプロンプトに加えることで，よりカスタマイズされた内容が可能になります。

　例えば，卒業式の呼びかけの言葉など，従来は紙に書かせた6年間の思い出を教師がメモから台本に落とし込む手間がありましたが，AI を用いることでこのプロセスをデジタル化し，Google フォームでの回答収集から AI による台本生成，最終的な人の目でのチェックまでを一貫して行うことができます。これにより，教師の業務は圧倒的に楽になり，子どもたちは自分たちの声が形になる過程を見ることができます。

　最終的に，生成 AI を使った台本作成は，技術を駆使しながらも，子どもたちの創造性を尊重し，彼らが主体的に参加する教育活動を支援する方法として，非常に価値のあるものです。これは，単に時間を節約するだけでなく，教育の質を向上させる一助となるでしょう。

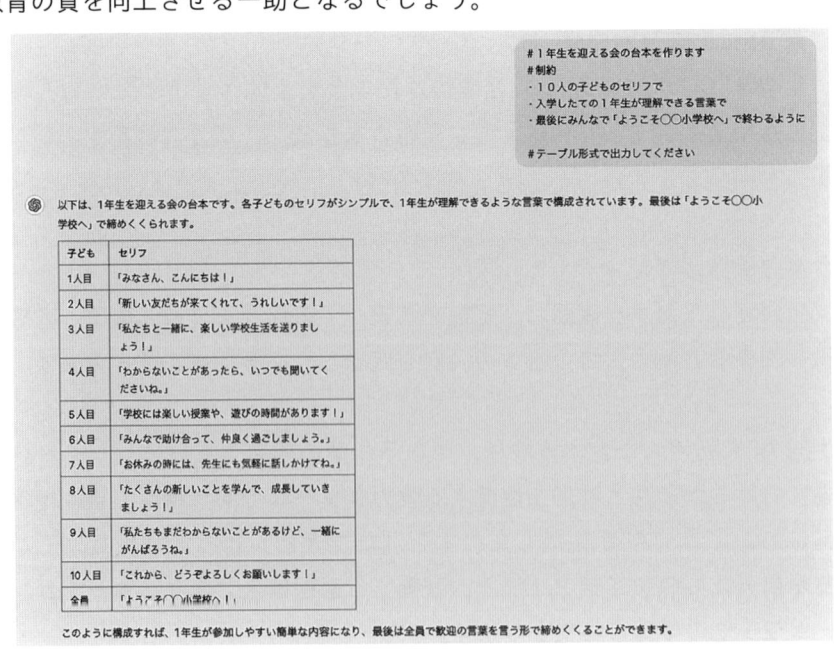

1年生を迎える会の台本作成

《自分に必要なカスタマイズ秘書を作成する》

　ここで取り上げる「GPTs」とは，特定の用途に特化した GPT モデルのことを指します。これらは教育現場特有の課題解決を目指してカスタマイズされたものであり，例えば時間割の作成，家庭訪問のスケジューリング，論文やレポートの草稿作成など，具体的な教育関連業務に対応するために設計されています。イメージでは，ある分野に特化するようにプログラムされている「生成 AI」です。具体的に PDF を読み込ませてあるため，その PDF を参照に返事をくれるため，ハルシネーション（生成 AI が答えるそれっぽい嘘）も減ります。

　GPTs を活用することで，日々の教育業務を効率化し，教師が子どもとの直接的な対話や個別指導にもっと時間を割くことが可能になります。また，GPTs は複雑なデータ入力やルーチンワークから教師を解放し，教育の質を向上させるための創造的なアプローチを促進します。この技術の進化は，教育現場での革新だけでなく，教師と子どもの関係をより豊かなものにするための大きな一歩となるでしょう。

　次のページでは，具体的な GPTs の活用例を紹介し，これらがいかに教育業務を変革しているかを見ていきます。

学校現場を効率化する生成 AI ツール

●時間割作成プランナー

　授業時間と一週間のコマ数，学校制約を考慮して時間割を作成します。

時間割作成プランナー

●懇談会・家庭訪問スケジュール計画マン

　日付と時間に基づいたテーブル形式で，空白のセルを含むスケジュールを作成します。

懇談会・家庭訪問スケジュール計画マン

●教育論文・レポート文章作成アシスト

　教育論文の書き方，論文実践集，優秀論文，学習指導要領を読み込んでおり，授業案から論文やレポートの叩き台を作成することができます。

教育論文・レポート文章作成アシスト

●スーパーたになか先生

　学習指導要領，働き方改革実例集，生徒指導提要，教員研修の手引，授業案数パターンを学習しています。

スーパーたになか先生

●所見らくらく作成サポーター

　キーワードを1つ入れるだけで，様々なパターンの所見を作成します。

所見らくらくサポーター

●特別支援教育のプロ！

　教育者，保護者，子どもたちに対して様々な支援やアドバイスを提供することができます。

特別支援教育のプロ！

《校務 DX 化おすすめアイテム》

　このページまで，業務改善する方法を述べてきました。具体的に谷中がどんなアイテムを使っているかを簡単に紹介します。

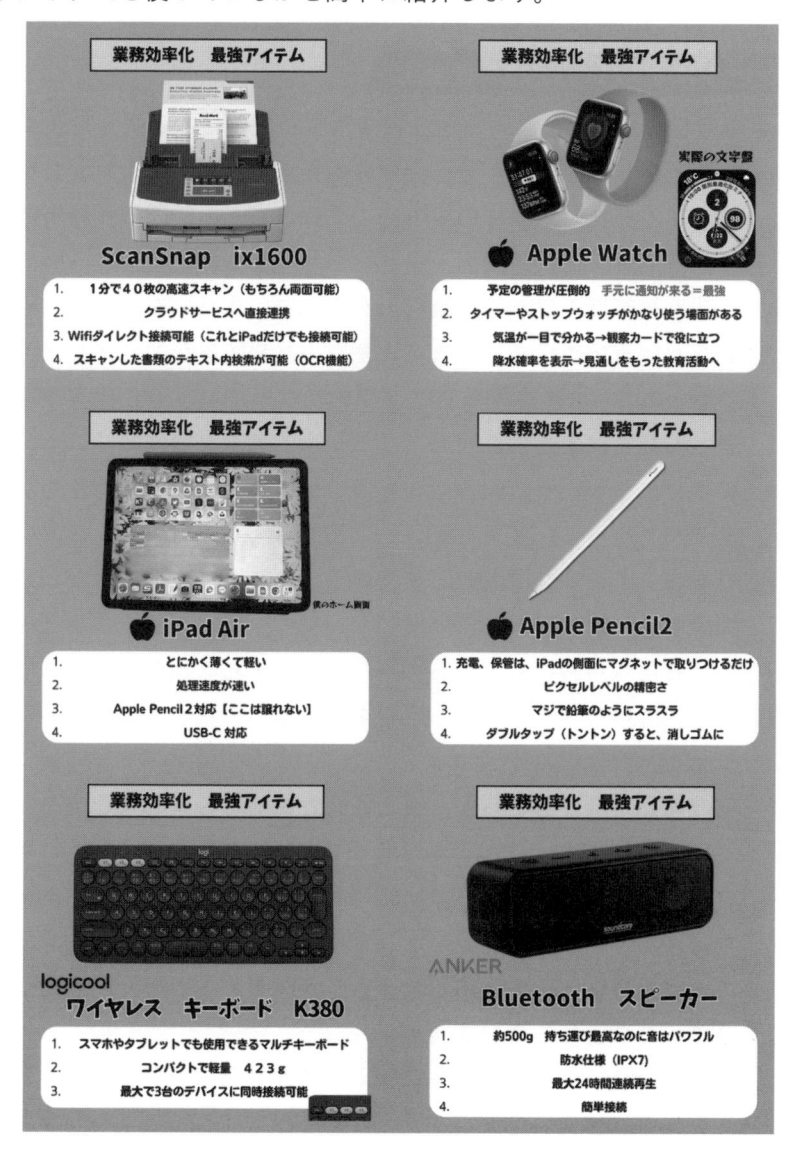

4 デジタルツールを毎日の授業に活かす！ 効果的な使い方

①ツールは手段！ 目的を明確に

　ICT を活用した先進的なスーパーな授業や実践記録は，見栄えも良く「なんかすごい」と感じます。しかし，授業の本質を忘れないようにしたいです。前提として，子どもたちが学校の中で過ごすほとんどの時間は，授業です。給食，行事，部活動，休み時間も，子どもたちの楽しみにしている時間の一つですが，我々教師は，日々の授業に力を入れていきたいものです。授業の準備に時間をかけるためにも，今までの章での業務改善がありました。

　よくある話として「ICT を使うことが目的になってしまう」授業です。たしかに，子どもたちは生き生きとしてタブレット端末を操作しているのですが，本当に学びにつながっているのか。ここは丁寧に吟味していきたいところです。あくまでツール。手立ての一つでしかありません。ICT 端末は，鉛筆や消しゴムのように，文房具として使えるようにしていくものだと思っています。究極の話，使う子もいれば使わない子もいる。デジタルとアナログの選択を子どもたちが選択している！みたいな，そんな授業が理想です。そのためには，教師はもちろん子ども自身も，どちらの良さも理解していなければなりません。

　つまり何が言いたいかというと，紙と鉛筆と黒板の授業も大切であると思っているということです。こんな本を執筆していると，すごい ICT に堪能で，全てデジタルで管理している人みたいに思われそうですが，ベースは変わりません。ただ，たくさんのタブレット端末の手段を知っているよ的な。

　①従来の一斉指導② ICT を活用した一斉指導③複線型の単元内自由進度学習　この３つのパターンも使います。

　例えば，振り返り一つとっても，ノートに書かせた方が早いです。しかし，他者の考えを知るには交流をするか発表をするかです。ここは時間がかかり

ます。デジタルで書かせた方が遅いです。しかし，他者の考えは自分の席から全員分の意見を知ることもできます。ここは時間がかかりません。教師が何を目的として，子どもにどんな力をつけたいのかが活動内容によってくるのではないでしょうか。自分の振り返りをしっかりと書かせることで，授業の定着・深化をねらいとするなら，ノートで。友達の振り返りから多面的に考えられるようになってほしい場合は，デジタルで。子どもの実態ありきです。明確な意図さえあれば，正解はないと思います。

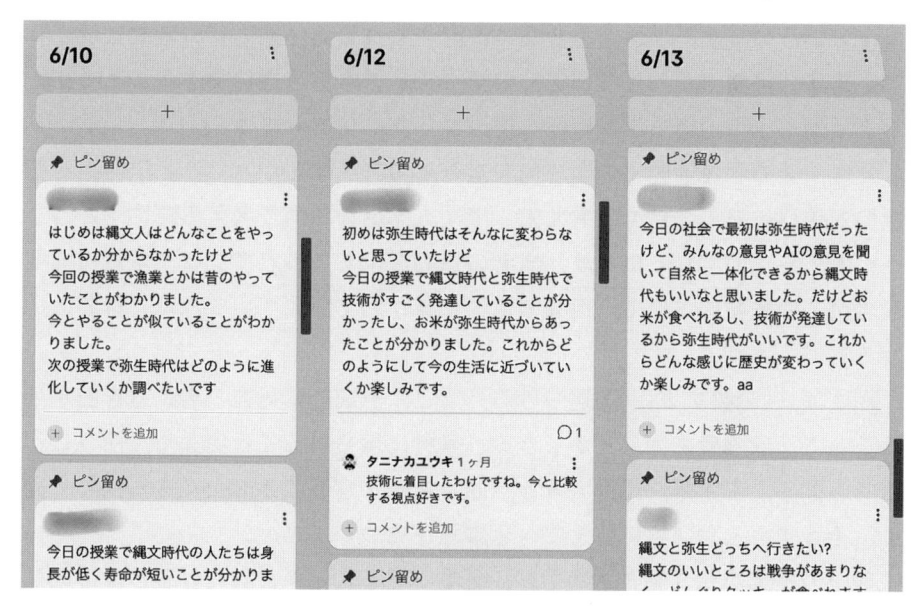

実際の Padlet での授業での振り返り

　コンピテンシー面接という言葉を知っていますか？　現代の就職面接では候補者のコンピテンシー（行動特性）を確認するための面接が行われることがあり，これをコンピテンシー面接といいます。コンピテンシー面接（適性面接）は，役割を果たすのに欠かせない能力に焦点を合わせた面接のことを言い，知識，スキル，個性についての質問もコンピテンシー面接に含まれます。つまり，「何を知っているか（知識・技能）」より，「（その知識で）何ができるようになるか（思考力・判断力・表現力）」が求められている時代になっているのです。学習指導要領の改訂でも「資質・能力」の育成と示されています。授業づくりにおいて，大切なことは学習目標に関することです。学習活動も学習内容も学習目標を達成するためにあります。

　では，その学習活動・内容で何を道筋に思考をするかというと学習指導要領の各教科にある「見方・考え方」です。学習の場面で考える際に，どのように考えるかの手立てになり，思考の道筋を示してくれている。学習指導要領の全ての教科において，目標の冒頭に書かれています。それほど重要ということでしょう。

　例えば，「分類する」「関連づける」など，意図的に見方・考え方を働かせることで，深く考えることができる。教科に縛られることはなく，使うこともできます。まずは，比べてみる，同じこと・違うことをたくさん探してみる。そうすると，次第に解決すべき課題が見つかる。

　普段の授業から「見方・考え方」を働かせることがどれだけ子どもの成長につながるかは，この本をとっている方であれば容易に想像することができると思います。そんな「見方・考え方」を意識した総合的な学習の学習指導要領解説に示されている「10の思考スキル」について，一人一台端末を駆使する具体的な実践を次章では紹介していきます。

教科の見方・考え方

教科	見方・考え方	内容
国語	言葉による見方・考え方	自分の思いや考えを深めるため、対象と言葉、言葉と言葉の関係を、言葉の意味、働き、使い方等に着目して捉え、その関係性を問い直して意識付けること
社会	社会的な見方・考え方	社会的事象を、位置や空間的な広がり、時期や時間の経過、事象や人の相互関係などに着目して捉え、比較・分類したり総合したり、地域の人々や国民の生活と関連付けたりすること
算数	数学的な見方・考え方	事象を数量や図形及びそれらの関係などに着目して捉え、論理的、統合的・発展的に考えること
理科	理科の見方・考え方	〔見方〕 「エネルギー」領域⇒主として量的・関係的な視点で捉えること 「粒子」領域⇒主として質的・実体的な視点で捉えること 「生命」領域⇒主として多様性・共通性の視点で捉えること 「地球」領域⇒主として時間的・空間的な視点で捉えること 〔考え方〕 比較したり、関係付けたりするなどの科学的に解決する（探究する）方法を用いて考えること
生活	身近な生活に関わる見方・考え方	身近な人々、社会及び自然を自分との関わりで捉え、比較、分類、関連付け、試行、予測、工夫することなどを通して、自分自身や自分の生活について考えること
総合	探究的な見方・考え方	各教科等における見方・考え方を総合的に活用して、広範な事象を多様な角度から俯瞰して捉え、実社会・実生活の課題を探究し、自己の生き方を問い続けるという総合的な学習の時間の特質に応じた見方・考え方のこと
音楽	音楽的な見方・考え方	音楽に対する感性を働かせ、音や音楽を、音楽を形づくっている要素とその働きの視点で捉え、自己のイメージや感情、生活や文化などと関連付けること
図工	造形的な見方・考え方	感性や想像力を働かせ、対象や事象を、形や色などの造形的な視点で捉え、自分のイメージを持ちながら意味や価値をつくりだすこと
家庭	生活の営みに係る見方・考え方	家族や家庭、衣食住、消費や環境などに係る生活事象を、協力・協働、健康・快適・安全、生活文化の継承・創造、持続可能な社会の構築等の視点で捉え、よりよい生活を営むために工夫すること
体育	体育の見方・考え方	運動やスポーツを、その価値や特性に着目して捉え、楽しさや喜びとともに体力の向上に果たす役割等の視点から捉え、自己の適性等に応じた「する・みる・支える・知る」の多様な関わり方と関連付けること
外国語	外国語のコミュニケーションにおける見方・考え方	外国語で表現し伝え合うため、外国語やその背景にある文化を、社会や世界、他者との関わりに着目して捉え、コミュニケーションを行う目的・場面・状況に応じて、情報を整理しながら考えなどを形成し、再構築すること。
道徳	道徳科における見方・考え方	様々な事象を、道徳的諸価値の理解を基に自己との関わりで（広い視野から）多面的・多角的に捉え、自己の（人間としての）生き方について考えること

考えるための技法

順序付ける
・複数の対象について、ある視点や条件に沿って対象を並び替える。

比較する
・複数の対象について、ある視点から共通点や相違点を明らかにする。

分類する
・複数の対象について、ある視点から共通点のあるもの同士をまとめる。

関連付ける
・複数の対象がどのような関係にあるかを見付ける。
・ある対象に関係するものを見付けて増やしていく。

多面的に見る・多角的に見る
対象のもつ複数の性質に着目したり、対象を異なる複数の角度から捉えたりする。

理由付ける
・対象の理由や原因、根拠を見付けたり予想したりする。

見通す
・見通しを立てる。物事の結果を予想する。

具体化する
・対象に関する上位概念・規則に当てはまる具体例を挙げたり、対象を構成する下位概念や要素に分けたりする。（個別化する、分解する）

抽象化する
・対象に関する上位概念や法則を挙げたり、複数の対象を一つにまとめたりする。（一般化する、統合する）

構造化する
・考えを構造的（網構造・層構造など）に整理する。

96

思考ツールによるバイアスが生じていないか

第4章

思考スキル&
デジタルツールで
授業が変わる!

実践モデル10

順序づける

6年算数 場合を順序よく整理して

順序づけるとは？
複数の対象について，ある視点や条件に沿って対象を並び替えること

1 「場合を順序よく整理して」算数の問題解決

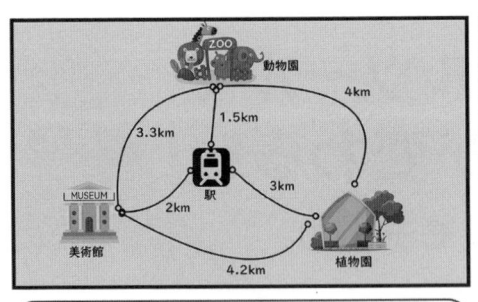

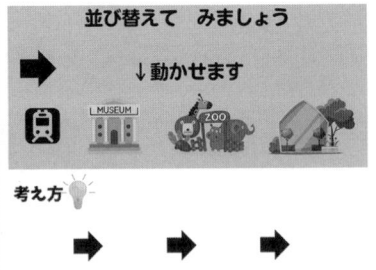

上の図は、駅前に立ててある案内板です。
ゆうすけさんは、お父さんと駅前で自転車を借りて、美術館、動物園、植物園を見に行くことにしました。
道のりをいちばん短くするには、どんな順にまわって、駅に帰ってくればよいですか。

デジタルワークシートのイメージ

> 道のりをいちばん短くするには？　どんな順にまわって，駅に帰ればよい？

【6年・場合を順序よく整理して】の活動のステップ

1 問題の紹介

教師がデジタルワークシートを使用して問題を提示します。

そして，学習の目標と問題を子どもたちに説明します。

2 デジタルワークシートの活用方法

デジタルツールの基本操作のデモンストレーションを見せます。

子どもたち自身が操作を試み，理解を深めます。

3 自力解決をする

子どもたちは根拠をもとに自分の考えを筋道立てて整理します。

4 グループやクラスで共有し練り上げる

共通点や相違点をクラス内で議論します。

グループ間での意見交換を通じて，さらに深い理解を目指します。

5 まとめる

それぞれのグループが得た知見を共有します。

整理された情報をもとにクラス全体での結論を導出します。

6 適用問題や振り返り

今日の学習で習った方法を使い，類似問題を解き，習熟を図ります。

【発展】

さらなる問題を子ども同士で作成し，お互いに解くことも個別で指示します。

2 この単元でデジタルを使うメリット

デジタルワークシートを使用する主なメリットは，以下の通りになります。

1 視覚的な学習支援
2 協働学習の促進
3 即時フィードバック

1 視覚的な学習支援

　デジタルワークシートを使用することで，視覚的な要素を豊富に取り入れることができます。色や形，動画やインタラクティブな要素を加えることで，子どもたちは情報をより鮮明に，直感的に理解することが可能になります。教科書の写真をそのままワークシートに入れ込むだけで，教師の準備はそこまで大変ではないのも，ありがたいところです。

2 協働学習の促進

　デジタルワークシートは協働学習を強化するツールとしても優れています。オンライン上での同時編集機能を利用することで，アイデアを即座に共有し合うことができます。これにより，各自の考えや解釈をリアルタイムで反映させ，クリティカルシンキングやチームワークのスキルを養うことが可能です。

3 即時フィードバック

　デジタルワークシートを利用することで，教師はクラス全体の進捗を一つの画面上でリアルタイム確認できます。これにより，誰が困っているか，誰が早く問題を解決したかを瞬時に把握することが可能です。この情報をもとに，必要な子どもに直ちに個別指導を行うことができ，同時に進行が速い子どもたちにはさらに高度な課題を提供することも可能です。例えば，追加問題を作成して，友達と解き合うなども面白いです。

3. デジタルツール

順序づける 際に有効なデジタルツール 👍

✅ 条件
◎一斉に配布できる
◎共有できる
○提出できる
○複製して何枚も作れる

🖼️ 例
・Google スライド
・ロイロノート
・SKYMENU 発表ノート

順序づける 際の他のアプローチ方法 ☁️

ランキング化　　タイムライン化　　ストーリーボード　　手順を考える

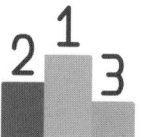 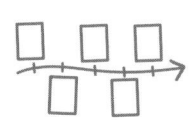 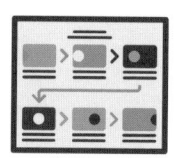 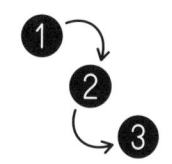

比較する

6年社会 縄文のむらから古墳のくにへ

比較するとは？
複数の対象について，ある視点から共通点や相違点を明らかにする。

1 シンキングツールを使いながら, 視点ごとに比べる

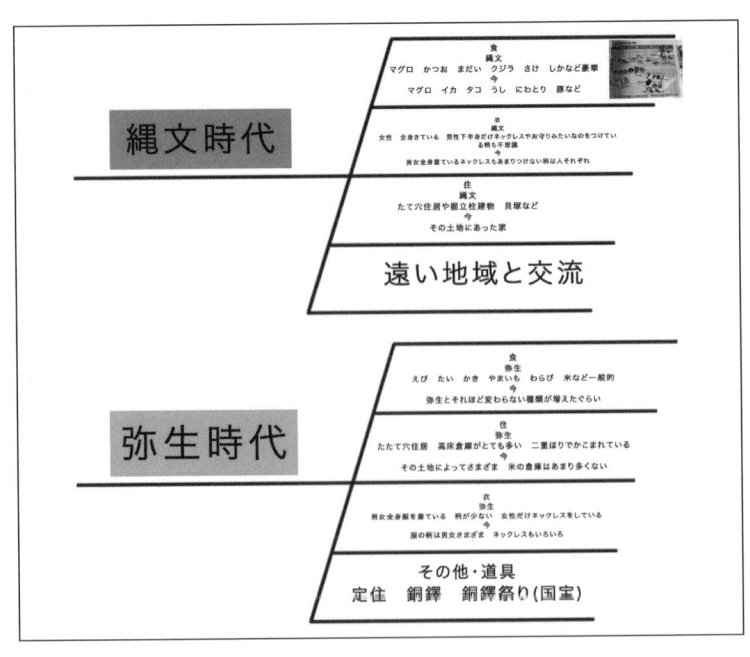

デジタルワークシートのイメージ

【6年・縄文のむらから古墳のくにへ】の活動のステップ 👣

1 問題の導入と探究活動の設定

「縄文時代と弥生時代，タイムマシンで行くならどっちに行きたいですか？」という問いを投げかけ，興味や関心を引き出します。

2 情報収集

シンキングツールを使用しながら，「衣」「食」「住」「道具」の4つの観点で情報を集めます。

3 意見形成

収集した情報をもとに，縄文時代と弥生時代の生活様式や文化の違いを比較し，自分の意見を確立します。

4 指名なし討論

自分の立場をポジショニングし，視覚化します。

後に，クラス全体で討論を行います。

集めた情報は，好きなタイミングで見て構いません。

5 まとめる

討論により，膨れ上がった情報から，それぞれの時代を一言でまとめます。書けた子から立って発表させると，下位層の子も参考にできます。

6 振り返る

縄文時代と弥生時代の生活様式や文化の違いを比較して考えたことや感じたこと，疑問に思ったことをPadletやノートに書きます。

2 この単元でデジタルを使うメリット

　デジタルシンキングツールやポジショニングを使用することは，多面的な学びを提供し，効率と参加意識を高める重要な役割を果たします。主なメリットは，以下の通りになります。

> 1　多様な視点からの情報整理と分析
> 2　学習の主体性と参加意識の向上
> 3　クリティカルシンキングの促進

1　多様な視点からの情報整理と分析

　シンキングツールを活用することで，子どもたちは多様な視点から情報を収集し，それを効率的に整理・分析することが可能になります。テーマ別に視覚的に比較する活動を行うことで，より深い理解を得ることができます。また，デジタルツールを利用することにより，クラス全体やグループ内での情報共有が容易になり，学習内容の整理や理解の深化が促進されます。

2　学習の主体性と参加意識の向上

　ポジショニングを活用することで，子どもたちが自分の立場を明確にし，授業に積極的に参加するようになります。デジタルツールを使って自分の意見や考えを表現することは，主体的な学習を促進し，クラス内での討論を活性化させます。この過程で，子どもたちは自分の意見の形成や変化を自覚的に認識し，討論後にはその変容を明確に捉えることができます。これにより，学習に対する主体性と参加意識が高まるのです。

3　クリティカルシンキングの促進

　これらのツールを用いることで，子どもたちは情報をただ受け取るだけでなく，批判的に考察し，自分の意見や解答を導く過程で深い思考を行う機会が増えます。これにより，問題解決能力や批判的思考力が養われます。

3. デジタルツール

比較する 際に有効なデジタルツール 👍

☑ 条件
◎一斉に配布できる
◎共有できる
○提出できる
○複製して何枚も作れる

🖼 例
・Google スライド
・ロイロノート
・SKYMENU 発表ノート

比較する 際に有効なポジショニング 👍

☑ 条件
◎全員の意見を即座に共有
◎意見の変更が可能
○操作がシンプル

🖼 例
・Google スライドの Q & A
・Padlet
・SKYMENU ポジショニング
・Mentimeter

比較する 際の他のアプローチ方法 ☁

ベン図	X チャート	くま出チャート	ポジショニング
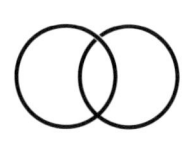		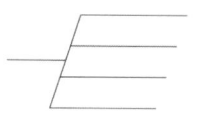	

分類する

分類するとは？
複数の対象について，ある視点から共通点のあるもの同士をまとめる。

1 分類の過程で自分の選択を説明し，言語能力と理解を深める

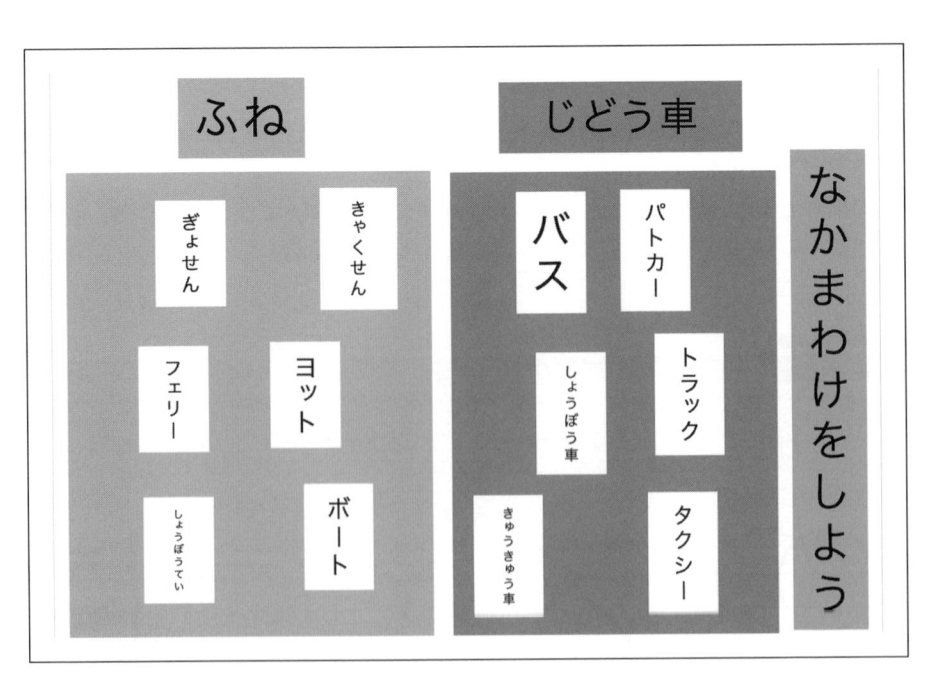

デジタルワークシートのイメージ

「乗り物のなかまわけ」ゲームをしよう

【1年・まとめてよぶことば】の活動のステップ 👣

1 「もののなかまわけ」の概念説明

「もののなかまわけ」とは物を特徴や特性にもとづいてグループ分けすることを意味する，と説明します。乗り物を例に挙げ，今日の授業の目的を明確にします。

2 ICT を活用した分類ゲームの紹介

ICT ツールを使った「乗り物のなかまわけ」ゲームの進め方を説明します。デジタルツールの操作方法を示し，子どもたちが自分で乗り物をグループに分ける手順を解説します。

3 分類ゲームの実施

子どもたちはタブレットを使用してゲームを開始します。画面に表示される乗り物を，その特徴や用途にもとづいて適切なグループにドラッグ＆ドロップします。例えば，「船」「自動車」などに分けます。

さらに，乗り物を追加で考えることで，早く終わってしまった子も活動を続けられます。

4 発表と振り返り

ゲーム終了後，子どもたちは分類の過程や結果についてクラス全体で議論します。どの乗り物をどのグループに分類したか，その理由は何かを共有し，他の子どもたちの意見も聞きます。

5 発展課題の紹介

授業の終わりに，家庭でできる追加の分類課題を紹介します。

2 この単元でデジタルを使うメリット

　デジタルシンキングツールやポジショニングを使用することは，多面的な学びを提供し，効率と参加意識を高める重要な役割を果たします。主なメリットは，以下の通りになります。

1　視覚的な学習支援
2　対話的な学習促進
3　自主性と参加意識の向上

1　視覚的な学習支援

　デジタルツールを用いることで，乗り物の画像や動画を直接クラスに表示することもできます。これにより，子どもたちは乗り物の特徴を直感的に理解しやすくなります。視覚的な支援は，言語理解の初期段階にある1年生にとって特に有効で，抽象的な概念を具体的に捉える助けになります。

2　対話的な学習促進

　デジタルツールを使うことで，子どもたちは自分たちの意見や考えをクラス内で簡単に共有できるようになります。乗り物のグループ分けを行う活動では，子どもたちが互いにアイデアを交換し，なぜその乗り物を特定のグループに分類したのかを説明する機会になります。この活動は，批判的思考や言語表現スキルを育成します。

3　自主性と参加意識の向上

　デジタルツールにより，学習活動における子どもたちの自主性が促進されます。個々のタブレットやコンピュータを用いて自分で情報を操作することができるため，主体的な学習が可能になります。また，テクノロジーを通じて学習することの楽しさが参加意識を高め，より積極的な学習姿勢を促します。

3. デジタルツール

分類する 際に有効なデジタルツール 👍

☑ 条件
◎一斉に配布できる
○共有できる
○提出できる
◎編集が簡単にできる

▣ 例
・Google スライド
・ロイロノート
・SKYMENU 発表ノート

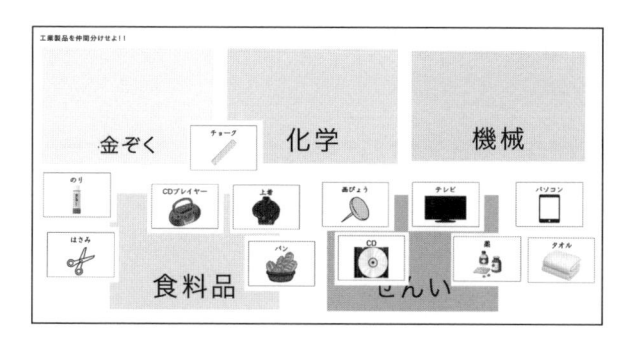

5 年生社会科でのデジタルワークシート

分類する 際の他のアプローチ方法 ☁

マトリクス(表)　　X チャート　　　ベン図　　　　Y チャート

思考スキル④

関連づける

関連づけるとは？
複数の対象がどのような関係にあるかを見つける。
ある対象に関係するものを見つけて増やしていく。

**1** 自身の日常生活との関連づけを通じて，
教材への興味を引き出す

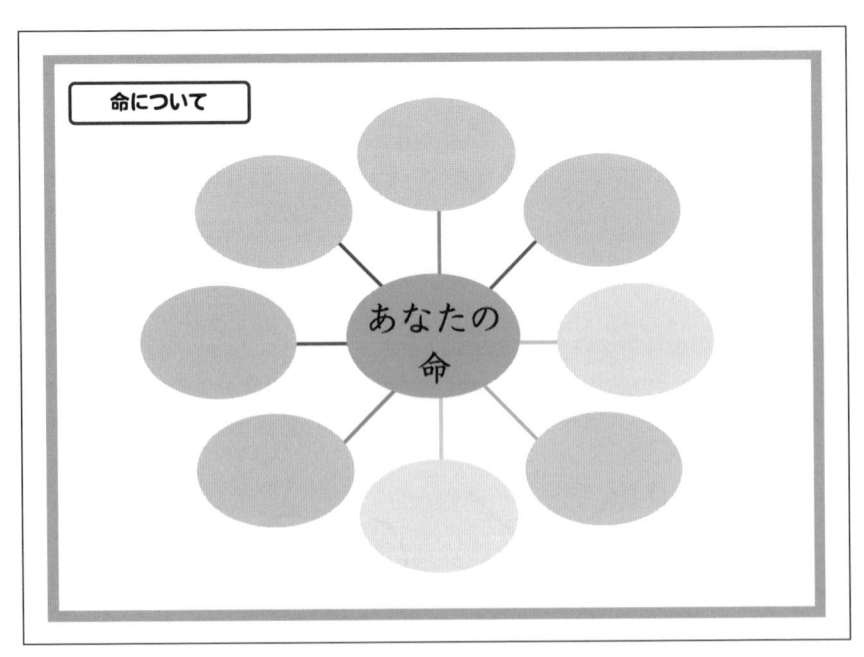

デジタルワークシートのイメージ

／【5年・命の詩──電池が切れるまで】の活動のステップ 👣

1　導入：命に対する問題意識を持つ

　「命とは何か？」という問いを投げかけ，子どもたちが自分の言葉で命の意味を表現します。イメージマップを使用し，子どもたちの意見を視覚的に整理し，問題意識を深めます。他者参照も可能にすることで，複数の視点から考えられるようにします。

　授業の導入で，イメージマップを活用する方法は，抽象的なものを，「自分事」にする際に効果的です。

2　教材：「命の詩─電池が切れるまで」を読み，考える

　プレゼンテーションソフトを用いて詩を提示し，読解を促します。子どもたちが詩の内容をもとに，ゆきなさんが伝えたかったメッセージを考え，クラス内で共有します。

3　討論：「精いっぱい生きる」とは

　子どもたちに「精いっぱい生きるとはどういうことか？」と問いかけ，グループ内で討論を行います。各グループが考えた「精いっぱいの生き方」をクラス全体で共有し，多様な視点を理解します。

4　発表と振り返り

　子どもたちに，授業で学んだ「命の大切さ」についてワークシートに記述させます。討論やワークシートを通じて，子どもたちが命について考えた内容をクラスで共有し，意見を深めます。最終的に，「命について考えたこと」を色分けしてイメージマップに追加し，視覚的にその変化を確認します。

2 この単元でデジタルを使うメリット

　道徳のように個々の体験や感情を深く反映させる必要がある教科でも，デジタルシンキングツールは大きな役割を果たします。また，多くの教科でのアイデア出しや概念整理に役立ちます。主なメリットは，以下の通りです。

> 1　視覚化による学習内容への理解
> 2　主体的な学習の促進
> 3　協働学習の促進

1　視覚化による学習内容への理解促進
　デジタルツールを使った視覚化は，子どもたちが情報を素早く効率的に理解するのに役立ちます。例えば，図表やインフォグラフィックは，複雑な内容を簡単にし，アクセスしやすくします。これにより，子どもたちは学習の初期段階で抽象的な概念をより分かりやすく捉え，理解を深めることができます。

2　主体的な学習促進
　子どもたちがデジタルツールを使って自ら調査し，発見する過程は自信を育み，知識をより深く，個人的なものとして結びつける手助けをします。その結果，子どもたちは新しい情報に対してより柔軟な姿勢を持ち，学びへの興味を持続させることができます。

3　協働学習の促進
　デジタルツールは友達やグループと効果的に協力する機会を提供します。オンラインの共同作業スペースやディスカッションボードを通じて，プロジェクトを共同で進める過程で互いのアイデアを共有し，前向きな意見交換を行うことが可能です。このような環境は，子どもたちの社会的スキルや共感能力を育て，多様な意見を尊重する態度を養うために不可欠です。

3. デジタルツール

関連づける 際に有効なデジタルツール 👍

☑ 条件	🖼 例
◎一斉に配布できる	・ふきだしくん
◎協働編集できる	・ロイロノート
○提出できる	・Canva ホワイトボード
◎編集が簡単にできる	・Padlet サンドボックス

関連づける 際の他のアプローチ方法 ☁

イメージマップ　　　同心円チャート　　　　図読法　　　シナリオベース学習

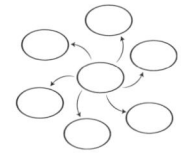 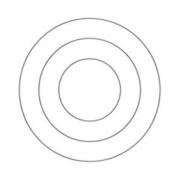 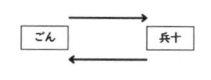 

道徳で使えるデジタルツール

デジタル教材―熊本市教育センター

多面的に見る・
多角的に見る

6年社会 縄文のむらから古墳のくにへ

多面的に見る・多角的に見るとは？
対象の持つ複数の性質に着目したり，対象を異なる複数の角度から捉えたりする。

1 多様な視点や場面を通して物事を考える

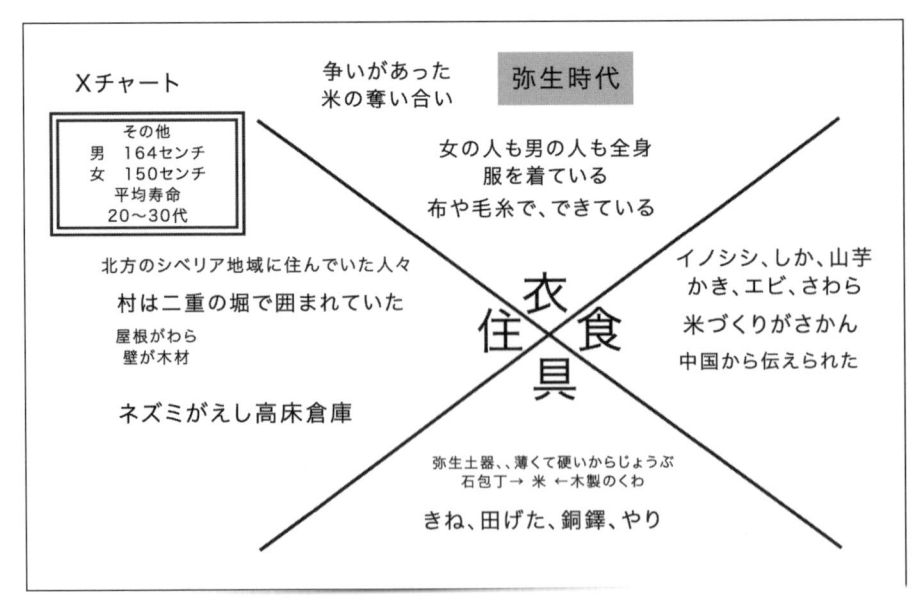

デジタルワークシートのイメージ

/ 【6年・縄文のむらから古墳のくにへ】の活動のステップ 👣❗ ---

1 導入：縄文と弥生の生活様式比較

　学ぶべきポイントを明確にし，関心を引き出すために多様な視覚資料を提示します。

2 調べる

　Ｘチャートやくま手チャートなどのシンキングツールを活用することで，「衣」「食」「住」「その他」の観点で多角的に，縄文時代と弥生時代について各時代の技術や文化の発展を視覚的に比較する。

3 討論：「縄文時代と弥生時代　タイムマシンで行くならどっち？」

　子どもたちは，調査した情報をもとにどの時代に行きたいかを選び，その理由を議論します。これにより，各自の選択がどのように異なるか，またそれぞれの時代の生活の魅力や課題を深く理解する機会にします。

4 振り返りと多角的な意見の共有

　授業の終了時には，Padlet を使用して振り返りを行います。デジタルツールを通じて，子どもたちは自分たちの学びを視覚的に表現し，クラス全体で意見を共有できます。各自が掲示板に投稿することで，友達の考えや感じた点を知ることができ，多様な視点に触れることが可能になります。この活動は，子どもたちが他者の意見を理解し，自分の考えを再評価する機会を提供します。このプロセスを通じて，縄文時代と弥生時代についての理解をさらに深めると同時に，歴史的な視点から現代の生活を考える力を育てます。

2 この単元でデジタルを使うメリット

「比較する」と同じ単元ですが，ここでは縄文時代と弥生時代の生活，文化，技術の違いを多角的に捉えるために，様々な資料とデジタルツールを活用します。子どもたちは，両時代の違いを視覚的に比較し，それぞれの時代が持つ独特の特徴を探求します。主なメリットは，以下の通りです。

1　多角的視野の提供
2　批判的思考力の育成
3　協働学習の促進

1　多角的視野の提供

デジタルツールを使えば，多様な情報源を一元管理し，視覚的に比較できます。教科書や資料集，図書室で調べた本の写真を取り込むことも可能です。これにより，子どもたちはさまざまな時代の特性を幅広い視点で捉え，理解を深めることができます。

2　批判的思考力の育成

デジタルツールを使うことで，子どもたちは自分の意見を形成し，それを友達と比較できます。これにより，単なる事実の学習にとどまらず，考えの根拠や理由を探る批判的思考が養われます。

3　協働学習の促進

デジタルプラットフォームを通じて，子どもたちは友達と情報を共有し，一緒に活動を進めることができます。何を書けばいいかわからない子も，友達のワークシートを参考にして活動に取り組むことができます。この活動は，相互作用と協力を促し，チームワークやコミュニケーションスキルを育てます。

3 デジタルツール

多面的に見る・多角的に見る 際に有効なデジタルツール

☑ 条件	🖥 例
○一斉に配布できる	・Padlet
◎協働編集できる	・ロイロノート
◎提出できる	・Google スライド
◎編集が簡単にできる	・SKYMENU 発表ノート

多面的に見る・多角的に見る 際の他のアプローチ方法

X チャート	くま出チャート	フィッシュボーン	バタフライチャート
	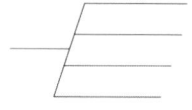	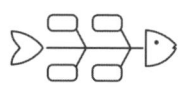	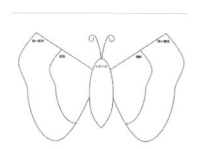

理由づける
（原因や根拠を見つける）

反対の立場になって意見文を書こう

理由づけるとは？
対象の理由や原因，根拠を見つけたり予想したりする。

1 自分の考えとその理由を整理する

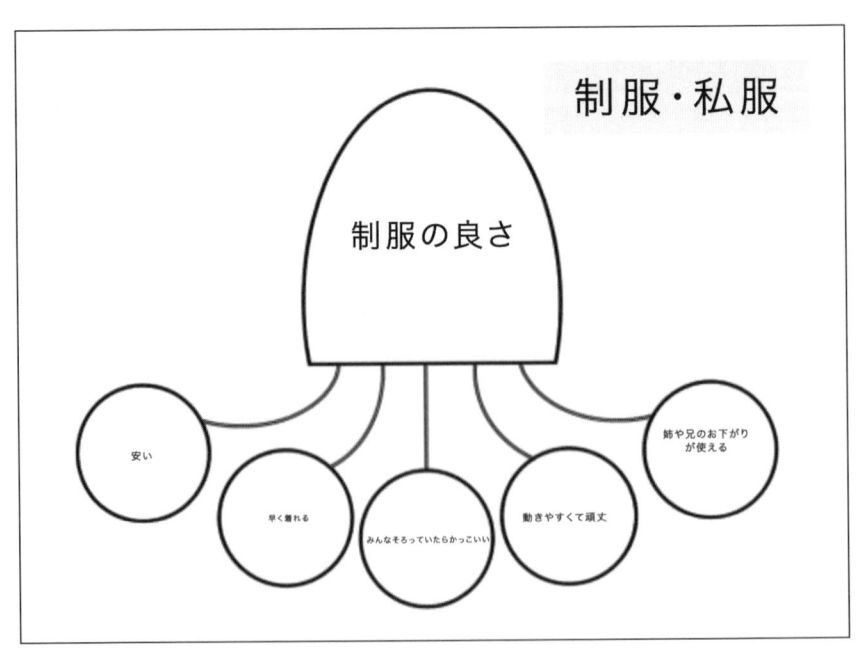

デジタルワークシートのイメージ

小学校に通うには，制服と私服どちらが良い？

1 導入：自分の意見を持つ

クラゲチャートを使用し，テーマ「小学校に通うには，制服と私服どちらが良いか」に関して自分の意見を形成します。

子どもは自分が支持する選択（制服または私服）について，その理由をシンキングツールに記入します。

2 反対意見を予想し，書き出す

バタフライチャートを活用して，自分の意見に対する反対意見を予想します。この活動では，どのような点が反論される可能性があるかを考慮し，それにどう応答するかを考えます。

3 討論：同じ意見を持つ仲間とメリット・デメリットを話し合い，反対意見に対する対応を考える

同じ意見を持つ友だちとグループを作り，討論を通じてメリット・デメリットを深掘りします。

反対意見に対してどう対応するかを一緒に考えます。

4 意見文にまとめる

討論を通じて得た考察を元に，意見文の構成を考え，最終的な文書を作成します。

PMI チャートを使うのも良いでしょう。

2 この単元でデジタルを使うメリット

　討論を活発にするために，子どもたちは自分の意見だけでなく，反対意見も考慮しながら議論を進めます。クラゲチャートやバタフライチャートを使って，思考を整理し，自由に意見を書き込んだり，追加したりできます。これにより，子どもたちは知識を学ぶだけでなく，その知識を実際の問題解決にどう活かすかを考える力を養います。主なメリットは，以下の通りです。

> 1　意見形成と表現の深化
> 2　討論の効率化と質の向上
> 3　批判的思考力とコミュニケーション能力の向上

1　意見形成と表現の深化

　デジタルツールを使用することで，子どもたちは自分の意見や考えを具体的に表現しやすくなります。クラゲチャートやバタフライチャートを使うことで，自分の意見と反対意見を視覚的に整理し，それぞれの立場からの理由や根拠を明確にします。

2　討論の効率化と質の向上

　友達のデジタルワークシートを参照することで，活発な議論の準備ができます。これにより，時間や場所に縛られず，効果的な議論が可能となり，理解が深まります。

3　批判的思考力とコミュニケーション能力の向上

　デジタルツールを通じて，子どもたちはさまざまな意見や視点に触れることができ，これにより批判的思考力が養われます。また，オンラインでの討論や意見交換がコミュニケーション能力を高め，効果的な意見表現を促進します。

3. デジタルツール

理由づける 際に有効なデジタルツール 👍

☑ 条件	🖥 例
○一斉に配布できる	・スクールタクト
◎協働編集できる	・ロイロノート
◎提出できる	・Google スライド
◎編集が簡単にできる	・SKYMENU 発表ノート

理由づける 際の他のアプローチ方法 ☁

クラゲチャート	バタフライチャート	フィッシュボーン	資料を共有
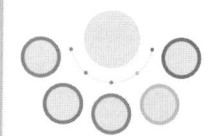	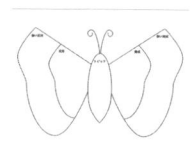	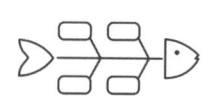	

見通す
（結果を予想する）

5年社会 くらしを支える工業生産

見通すとは？
見通しを立てる。物事の結果を予想する。

1 すごろくトークで学習を見通す

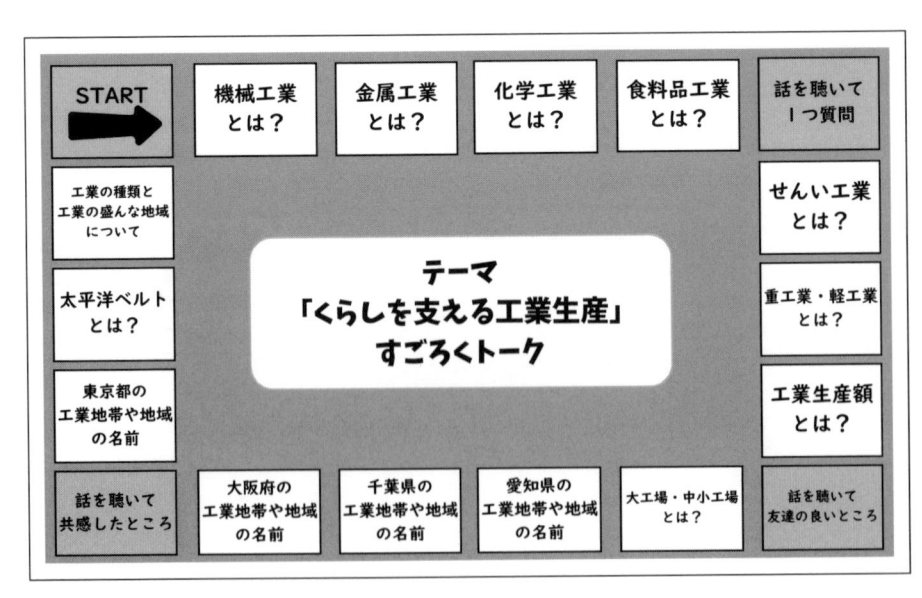

| START → | 機械工業とは？ | 金属工業とは？ | 化学工業とは？ | 食料品工業とは？ | 話を聴いて1つ質問 |

| 工業の種類と工業の盛んな地域について | | | | せんい工業とは？ |

| 太平洋ベルトとは？ | | テーマ「くらしを支える工業生産」すごろくトーク | | 重工業・軽工業とは？ |

| 東京都の工業地帯や地域の名前 | | | | 工業生産額とは？ |

| 話を聴いて共感したところ | 大阪府の工業地帯や地域の名前 | 千葉県の工業地帯や地域の名前 | 愛知県の工業地帯や地域の名前 | 大工場・中小工場とは？ | 話を聴いて友達の良いところ |

デジタルワークシートのイメージ

（学習前と学習後の2回）すごろくトークをしよう

【5年・くらしを支える工業生産】の活動のステップ 👣

1 単元導入：学習前のすごろくトーク

サイコロを振り，出た目に応じたお題について20秒間話します。

例えば，サイコロで「3」が出た場合，「化学工業」について話します。

すごろくのマスには，工業の種類や工業地帯に関する問いを設定しました。

学習前なので，予想で話すことになりますが，この活動で「この言葉を学んだ」と単元の見通しを持つことができます。

OPP シートと併用することで，メタ認知が強化されます。

2 探求学習

デジタルツールを使って，世界の主要な工業地帯とその特徴を調査します。教科書や資料集から得た資料を写真や文章でクラスと共有します。

3 協働学習

デジタルツールの協働機能を使って，グループ間で情報を共有し，異なる視点から意見を交換します。

4 単元末：学習後のすごろくトーク

単元を終えた後に再びすごろくトークを行うと，子どもたちは自信を持って説明できる自分に気がつきます。

すごろくトークの対話を通じて，自分自身の成長を実感しています。

話せないものについては，友だちがヒントを出したり，教科書で確認したりする主体的で対話的な様子も出てきます。

2 この単元でデジタルを使うメリット

　子どもたちが工業生産の社会的・経済的な意義を深く理解し，その知識を実生活に活かす基盤を作るのに役立ちます。デジタルツールを活用することで，学びの質を向上させ，批判的思考力や問題解決能力を育てるサポートが可能です。主なメリットは以下の通りです。

1　自己認識とメタ認知の強化
2　参加と関与の向上
3　深い理解の促進

1　自己認識とメタ認知の強化

　すごろくトークやデジタル OPP シートを使って，子どもたちは自分の学習過程を振り返ることができます。各段階で理解度を記録し，自己評価を行うことで，学びや成長を実感できます。すごろくトークを通じて，最初は話せなかった内容を学習後にスムーズに説明できるようになり，自分の成長を感じることができます。

2　参加と関与の向上

　デジタルツールを使った活動は，子どもたちの学習への関心と参加を高めます。すごろくトークのようなゲーム形式の活動で楽しみながら学び，授業への意欲を高めます。また，友達と学んだ内容を共有することで，新たな考えを得て，積極的に授業に参加するようになります。

3　深い理解の促進

　デジタルツールを使うことで，子どもたちは工業の種類や工業地帯の特徴を視覚的に探求できます。例えば，シンキングツールを使って，各地域の工業生産の違いを比較・分析することで，知識の暗記にとどまらず，情報の関連性や背景を理解できます。

3. デジタルツール

見通す 際に有効なデジタルツール 👍

✔️ 条件	🖊️ 例
○一斉に配布できる	・Kahoot！
◎協働編集できる	・Google スライド
◎提出できる	・SKYMENU 発表ノート
◎編集が簡単にできる	・ロイロノート

見通す 際の他のアプローチ方法 ☁️

ステップチャート	KWL チャート	単元前すごろくトーク	単元全体 Kahoot!
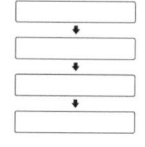		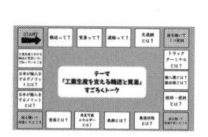	

　単元全体 Kahoot！とは，まだ未学習の単元でも，子どもに学習してほしい内容をクイズにして，帯活動にすることで，未学習なのに，その言葉を断片的に知っているという状況をつくることができます。

具体化する
（個別化する，分解する）

福祉について調べよう

具体化するとは？
対象に関する上位概念・規則に当てはまる具体例を挙げたり，対象を構成する下位概念や要素に分けたりする。

1 福祉という抽象的な概念を，具体的な行動や主張に具体化する

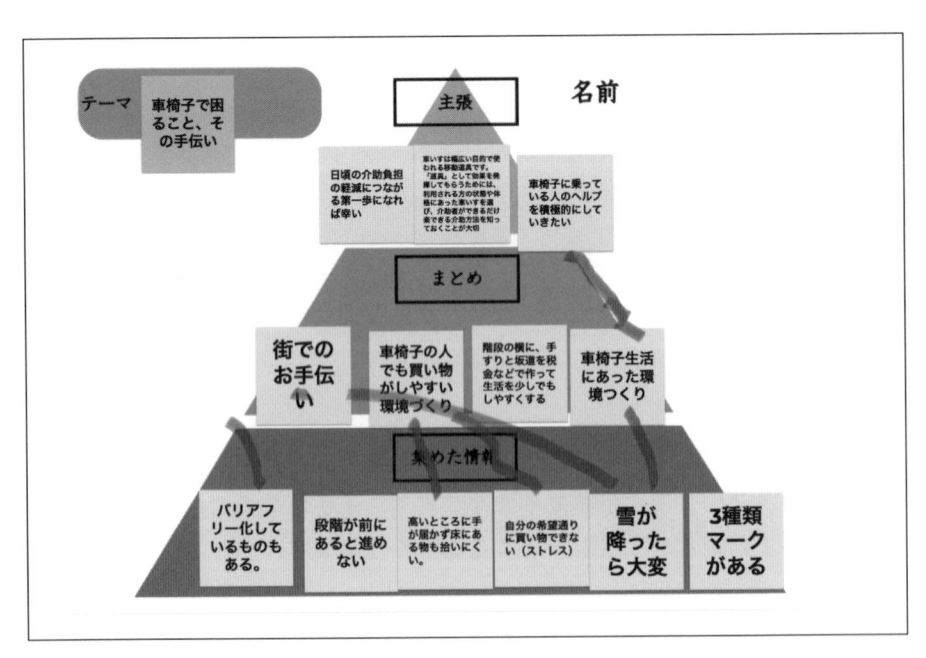

デジタルワークシートのイメージ

> 今，自分たちにできることを考え，発信しよう

【3〜6年・福祉について調べよう】の活動のステップ 👣

1 単元導入：福祉体験教室

　子どもたちは，車椅子体験や点字体験，ガイドヘルプ体験，手話体験など，様々な福祉活動を実際に体験します。これらの体験を通じて，日常生活で直面する可能性のある様々な障害について学び，福祉の重要性に対する興味と理解を深めます。

2 テーマ設定と情報収集

　体験教室での体験をもとに，子どもたちが興味を持った福祉のテーマを選定します。選んだテーマについて，図書館でのリサーチ，オンラインでの情報収集，専門家からのインタビューを通じて，必要な情報を集めます。

3 ピラミッドチャートの作成

　収集した情報を元に，ピラミッドチャートを作成します。このチャートは，基底部に「集めた情報」を配置し，中間にはその情報から得た「まとめ」を，頂点には「子どもたちの主張」を配置します。この方法で，情報の整理と論点の明確化を図ります。

4 プレゼンテーションの準備と発表

　ピラミッドチャートをもとにプレゼンテーションを準備し，クラスや学校内イベントで発表します。発表では，なぜそのテーマを選んだのか，どのような情報が得られたのか，そしてそれにもとづく主張は何かを明確に伝えます。

2 この単元でデジタルを使うメリット

「福祉について調べよう」などの総合的な学習でデジタルツールを使うと，学習が効率化し，子どもたちの参加と理解が深まります。主なメリットは以下の通りです。

1 情報の整理と視覚化
2 協働学習の環境
3 フィードバックの即時性

1 情報の整理と視覚化

デジタルツールを使うことで，集めた情報を効率的に整理し，視覚的に表現できます。例えば，ピラミッドチャートやクラゲチャートを使って，複雑なデータや概念をわかりやすい形に変換できます。さらに，情報が整理され，次に何をすべきかの活動の流れも視覚化されます。これにより，情報の関連性や構造が理解しやすくなり，学習内容への深い洞察が得られます。

2 協働学習の環境

デジタルツールを活用すると，クラス内外の友だちと簡単に協力し，プロジェクトを進めることができます。情報の交換や共同作業が可能になり，社会的スキルやコミュニケーション能力，問題解決能力が養われます。さらに，何を書けばいいか分からない子も，友だちのワークシートをヒントにすることで，活動に取り組むことができるようになります。

3 フィードバックの即時性

デジタルツールで作業を共有・提出することで，教師はリアルタイムで確認し，具体的な指導やフィードバックを提供できます。この即時性により，学習の進行中に必要な調整が迅速に行え，理解を深めることができます。また，友だちからの相互評価を通じて，学習効果が高まります。

3 デジタルツール

具体化する　際に有効なデジタルツール 👍

☑ 条件
- ○一斉に配布できる
- ◎協働編集できる
- ○提出できる
- ◎編集が簡単にできる

🖊 例
- ・Padlet サンドボックス
- ・Google スライド
- ・FigJam（旧 Jamboard）
- ・ロイロノート

具体化する　際の他のアプローチ方法 ☁

フィッシュボーン	クラゲチャート	同心円チャート	ピラミッドチャート

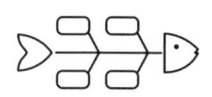 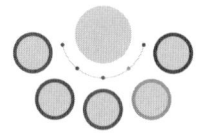 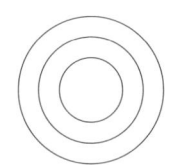 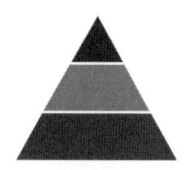

抽象化する
（一般化する，統合する）

5年国語 和の文化を発信しよう

抽象化するとは？
対象に関する上位概念・法則を挙げたり，複数の対象を一つにまとめたりする。

1 日本の伝統文化の要素を理解し，その魅力を抽象的に捉えて一般化する

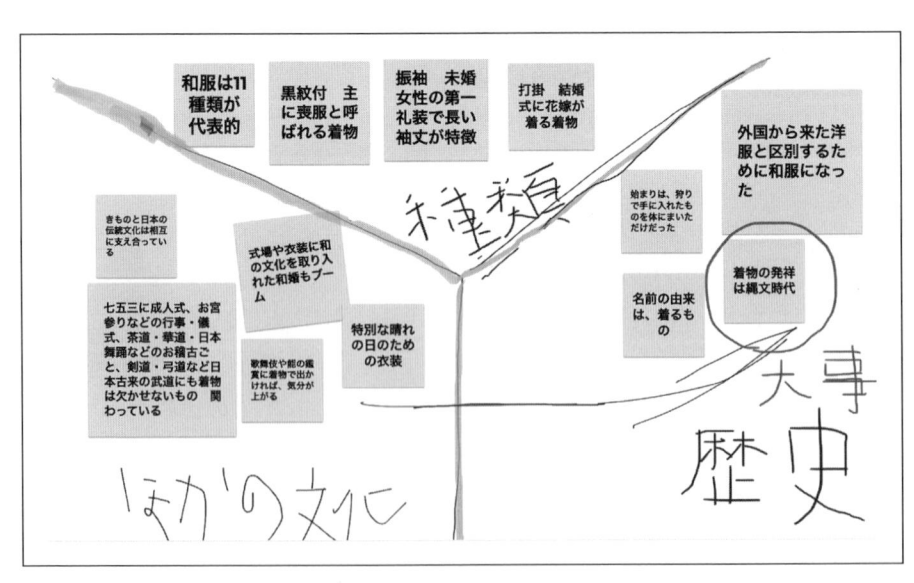

デジタルワークシートのイメージ

> 和の文化に関する情報を集め，それを効果的に図や言葉で表現する
> ポスターを作成しよう

1 単元導入と情報収集

まず，和の文化について基本的な理解を深めるために教科書の内容を確認します。

その後，テーマに沿って，さまざまな資料やインターネットを使い，和の文化に関する情報を集めます。

2 情報の整理と抽象化

グループ内で集めた情報を共有し，協力して編集します。

デジタルツールを活用することで，情報を「種類」「歴史」「他文化との比較」などのカテゴリに分けて整理しやすくなります。これにより，情報の整理と抽象的な概念の形成がスムーズに進みます。

3 わり付けを考え，ポスターを作成する

子どもたちはグループで協力して，和の文化の特徴を示すポスターのレイアウトを考えます。使用する画像や図表，色彩の選択を話し合い，ポスターが目を引くものになるようにします。

この過程で，各カテゴリ（「種類」，「歴史」，「他文化との比較」など）の情報をどのように配置するかを決定します。

4 ポスターの解説文を書く

各グループは自分たちのポスターに対する解説文を書きます。

解説文では，和の文化に関する洞察を示し，抽象的な概念や一般化された見解を取り入れます。

2 この単元でデジタルを使うメリット

　子どもたちは和の文化を深く理解し，その魅力を効果的に発信する力を育てるとともに，情報を整理し，まとめるスキルも身につけます。デジタルツールを使うことで得られるメリットは次の通りです。

1　情報アクセスと整理の容易化
2　協働学習の促進
3　視覚的表現の向上

1　情報アクセスと整理の容易化

　デジタルツールを使うことで，子どもたちはインターネットから素早く情報を集め，それを効率的に整理できます。まずは教科書を参考にし，その後，必要に応じてインターネットで和の文化に関連する幅広い情報や資料を集めることができます。

2　協働学習の促進

　クラウドベースの編集ツールやデジタルツールを使えば，子どもたちはグループのメンバーとリアルタイムで情報を共有し，共同作業ができます。これにより，協力し合いながら学び，意見を交換する機会が増え，より創造的で幅広い学習が可能になります。また，他のグループの活動を参考にして，困ったときに学習を進めることもできます。

3　視覚的表現の向上

　デジタルツールを使うと，デザインソフトやプレゼンテーションツールを利用して，視覚的に魅力的なポスターやプレゼンテーションを作ることができます。これにより，子どもたちは和の文化の特徴を視覚的に表現し，その美しさや独自性を効果的に伝えることができます。

3 デジタルツール

抽象化する 際に有効なデジタルツール 👍

✔ 条件	🖥 例
◎一斉に配布できる	・Padlet サンドボックス
◎協働編集できる	・Google スライド
○提出できる	・FigJam（旧 JamBoard）
○編集が簡単にできる	・Canva ホワイトボード

抽象化する 際の他のアプローチ方法 ☁

マインドマップ	タイムライン化	ベン図	ピラミッドチャート
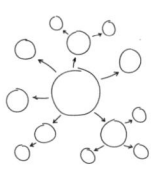	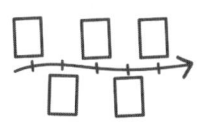	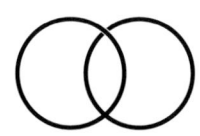	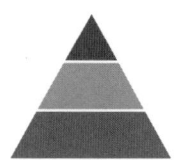

思考スキル ⑩

構造化する

5年国語 伝えたい，心に残る言葉

構造化するとは？
考えを構造的（網構造・層構造など）に整理する。

自分の思いや考えを構造的に整理し，効果的に伝える

終わり	中	始め
→先生の言葉で強くなった。この言葉を忘れない 「努力した者は、皆必ず成功するわけではない。しかし、成功した者は皆努力している」	→先生の言葉を信じてこれからも頑張る →一生けん命練習。なるべく速く練習場に行く　言葉を信じてやっていると、どんどん強くなってくる。とても嬉しい これからも頑張ろう →言葉を信じて、頑張ってみようと思う　習い事の先生に、「努力した者は、皆必ず成功するわけではない。しかし、成功した者は皆努力している」 →あきらめかける　これから先勝てるか不安・あまり上手くいかなくて、気持ちが落ちている時　皆んな強い・全国大会。5年生の時は出られなかった。	「みなさんは、努力しても勝てないと思った事はありますか」

○構成メモを作りましょう。

デジタルワークシートのイメージ

伝えたいことを印象に残るように話そう！

1 導入：感動した言葉を共有する

これまでに感動したり影響を受けたりした言葉をクラスで共有します。
この活動を通じて，どんな言葉が心に残るのか，その理由を考えます。

2 話の構成を考える

伝えたいことが印象に残るように，話の構成を考えます。どんな情報が聞き手に響くかを考え，効果的な表現を選びます。
聞き手に伝わるように言葉を使いながら，内容を組み立てます。
デジタル構成メモを使って，詳細や具体例を整理します。

3 練習と発表

構成したデジタル構成メモにもとづいて，実際に話す練習をします。
この練習で，自分の表現を調整し，より効果的な伝え方を探ります。
最終的に，クラスの前で話を発表し，表現力を試します。

4 振り返り

発表後に，自分の話の構成や表現がどのように受け取られたかを振り返ります。うまくいった点や改善すべき点を理解し，今後のプレゼンテーションに活かします。
この振り返りは，言葉の力を確認し，さらに磨くための重要な活動です。

2 この単元でデジタルを使うメリット

　この単元では，子どもたちが言葉の力を最大限に活かして，印象的なプレゼンテーションを行う技術を学びます。デジタルツールを活用することで，このプロセスをさらに強化し，効果的な学習をサポートします。主なメリットは以下の通りです。

> 1　組織化と構造化の強化
> 2　即時のフィードバックと修正
> 3　多様な表現手法の探索

1　組織化と構造化の強化

　デジタルツールを使うことで，子どもたちは話の内容を整理し，構造的にまとめる力を高めることができます。具体的には，自分の考えを論理的に整理し，それを視覚的にマッピングすることができます。これにより，聞き手が話の流れを追いやすくなり，伝えたい内容がより明確に伝わります。この過程は，プレゼンテーションの質を向上させ，子どもたちの思考を整理し，表現力を磨くのに役立ちます。

2　即時のフィードバックと修正

　デジタルツールを使うことで，発表の練習中にすぐにフィードバックを受け取ることができます。例えば，発音の練習や言葉の選び方についてリアルタイムで指導が行えるため，その場で改善できます。

3　多様な表現手法の探索

　デジタルツールを活用することで，テキストだけでなく，画像，音声，動画など，さまざまなメディアを使った表現方法を学べます。これにより，子どもたちは自分の話をより魅力的でわかりやすくするための新しい方法を探求できます。

3. デジタルツール

構造化する 際に有効なデジタルツール 👍

☑ 条件

○一斉に配布できる
○協働編集できる
◎提出できる
◎編集が簡単にできる

📇 例

・Google スライド
・ロイロノート
・SKYMENU 発表ノート
・Canva

構造化する 際の他のアプローチ方法 ☁

フローチャート　　アウトライン作成　　マトリクス(表)　　ストーリーボード

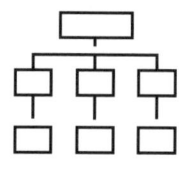　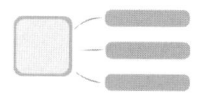　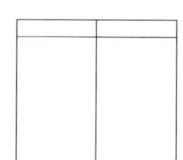　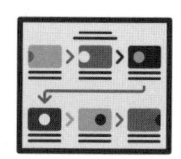

おわりに

「（子どものために）良かれと思ったことは，やれ」

　私が初任時代に尊敬する恩師から教わった言葉です。新米の頃の私は，この言葉を直感的に理解していました。しかし，時が経つにつれ，その言葉が持つ深い意味や，その実行にはいくつかの段階があることを学びました。

１．真似る：まずは良いと思ったことを真似てみる。
２．カスタマイズする：次に，状況に応じてアレンジして実践する。
３．共有する：そして，自らの学びや経験を他者と共有する。

　私自身，書籍やセミナー，SNS を通じてさまざまな実践を学び，スタートは真似から始めました。徐々に，現場の子どもたちに合わせて内容をアレンジし，それが自分のスキルとして定着したら，積極的に情報をアウトプットしてきました。デジタルツールを使った授業や実践は，トレンドで見栄えの良い授業に見えがちです。しかし，その本質は「普段の授業や未来の子どもたちのため」という点にあります。この本を通じて，読者の皆さんが日常の教育活動に少しでも新しい方法を取り入れ，その結果，子どもや同僚，保護者を笑顔にできることを願っています。それが，この本を書いた最大の目的です。

　最後に，この機会を提供してくれた明治図書出版の及川誠さんをはじめ，関わってくださった全ての方々に深く感謝します。皆さんとの出会いに心から感謝しています。

谷中　優樹

【著者紹介】

谷中　優樹（たになか　ゆうき）

1996年生まれ。2024年現在，愛知県豊川市立豊川小学校の教諭として勤務。Apple Teacher, Google 認定教育者 Level 1, MIEE（2024），Kahoot! Ambassador, GoodNotes Ambassador, SKYMENU エキスパート Teacher，デジタル推進委員など多数の資格を保有。また，X および Instagram を中心に，教育技術，業務効率化，そして AI や ICT を駆使した教育に関する毎日投稿が，SNS で1.2万人以上のフォロワーに支持されている。豊川教育サークル01（ゼロ・ウーノ）に所属，『授業力＆学級経営力』『実践国語研究』等執筆。

教師のデジタル仕事術
毎日の授業から校務 DX まで

2025年2月初版第1刷刊　©著　者　谷　中　優　樹
　　　　　　　　　　　　発行者　藤　原　光　政
　　　　　　　　　　　　発行所　明治図書出版株式会社
　　　　　　　　　　　　http://www.meijitosho.co.jp
　　　　　　　　　　（企画）及川　誠（校正）安田皓哉
　　　　　〒114-0023　東京都北区滝野川7-46-1
　　　　　振替00160-5-151318　電話03(5907)6703
　　　　　　　　　　　ご注文窓口　電話03(5907)6668

＊検印省略　　　　　　組版所 長野印刷商工株式会社

Printed in Japan　　　　　ISBN978-4-18-268226-1
もれなくクーポンがもらえる！読者アンケートはこちらから

個別最適な学び×ロイロノート 複線型の学びを生み出す 授業デザイン 小学校編

吉金 佳能・宗實直樹 編著

ロイロノートを活用すればここまで出来る！「学習の複線化」をキーワードとした「個別最適な学び」実践集。すべての実践事例に「単元デザイン案」を入れ，単元を通してどのように「指導の個別化」と「学習の個性化」を図るか，その授業づくりを具体的に提案しました。

A 5 判 152 ページ／定価 2,376 円(10% 税込)
図書番号 1694

個別最適な学び× 協働的な学び× ＩＣＴ「超」入門

佐々木 潤 著

２０２２年発刊のベストセラー『個別最適な学び×協働的な学び×ＩＣＴ入門』，待望の第2弾。「個別最適な学び×協働的な学び×ＩＣＴ」を公立学校でも成功させるポイントを，はじめの一歩から各教科の授業デザイン，取り組んだ先生の体験談からQ＆Aまでを1冊に。

A 5 判 192 ページ／定価 2,376 円(10% 税込)
図書番号 2135

「発問」のデザイン 子どもの主体性を育む 発想と技術

宗實 直樹 著

子どもたちが主体的な学びを実現するための発問づくりの考え方と技術とは？発問の基礎基本からその分類と組織化の方法，「良い発問」の条件から見方・考え方を育てる発問のつくり方，子どもの思考を揺さぶる発問から授業展開まで。発問づくりの秘訣を凝縮した1冊です。

A 5 判 200 ページ／定価 2,486 円(10% 税込)
図書番号 2399

学習指導案の理論と方法

米田 豊・植田真夕子 著

「なぜ学習指導案を書くのか？」教材観や指導観を基盤とした確かな学習指導案の理論と方法。目標の記述から単元の指導計画，研究主題との関連から単元の構造図のとらえ，指導過程から板書計画，評価規準まで。具体的な指導案と授業実践モデルで詳しく解説しました。

A 5 判 160 ページ／定価 1,980 円(10% 税込)
図書番号 0218

明治図書　携帯・スマートフォンからは **明治図書 ONLINEへ** 書籍の検索、注文ができます。▶ ▶ ▶

http://www.meijitosho.co.jp　＊ 併記4桁の図書番号（英数字）で、HP、携帯での検索・注文が簡単に行えます。

〒 114-0023　東京都北区滝野川 7-46-1　ご注文窓口　TEL 03-5907-6668　FAX 050-3383-4991